Es ist doch immer wieder verblüffend, wie Konsumenten einiger selbsternannter Motivationstrainer im Anschluss alles eins zu eins wiederkäuen und damit ihrer Umwelt teilweise auf den Geist gehen. Es wirkt plastisch, da es nur kopiert ist. Anders ist es dagegen sich inspirieren zu lassen. Einiges zu übernehmen, abzuwandeln, bis es den eigenen Bedürfnissen entspricht und es für sich gewinnbringend zu verwenden.

(Fahlbusch irgendwann nachts 2017)

Es ist ja schön, dass der selbsterklärte Motivationsguru die Weisheit mit Löffeln gefressen hat. Aber ist es auch so? Ich denke, die Wahrheit liegt in der Mitte. Ganz ehrlich. Setz dich immer selbst auseinander mit den Dingen, die dich betreffen. Lerne zu hinterfragen. Hilfe von der Selbsthilfe ist sonst irgendwann nötig. Das muss ja nicht sein und kann nicht Ziel, Sinn und Zweck sein.

(Fahlbusch irgendwann noch später nachts 2017)

Sebastian Fahlbusch

Sei kein Lemming

- Lieber im Einklang leben, als bis zum Hals in Scheiße zu stecken -

Bibliografische Information der Deutschen Nationalbibliothek:
Die Deutsche Nationalbibliothek verzeichnet diese Publikation in der
Deutschen Nationalbibliografie; detaillierte bibliografische Daten sind im
Internet über dnb.dnb.de abrufbar.

© 2018 Sebastian Fahlbusch
Herstellung und Verlag:
BoD – Books on Demand, Norderstedt

ISBN: 978-3-7460-2490-5

Gewidmet meiner Frau und meinem Sohn

Ich liebe euch

Inhaltsverzeichnis

I Das inoffizielle Vorwort

(Damit man weiß, worauf man sich einlässt.)

Der Titel ist vielleicht im ersten Moment sonderbar, meine Frau dachte als erste Assoziation an "Durchfall". Ich muss aber sagen, dass es sich verhält, wie mit dem billigen, einlagigen Öko-Recycling-Klopapier in einer mittelprächtigen Herberge. Man will es beenden und auf einmal ist der Finger in der braunen Pampe. Was ich damit sagen will, ist folgendes. Es gibt Dinge, die müssen so angesprochen werden, wie sie sind - offen und direkt.

Eines sollte aber klar sein, wir gehen gewiss alle zum Scheißen in die Hocke. Von daher, niemand ist frei von Fehlern und es ist sicherlich kein überheblicher Durchfall, sondern eine Hilfe, sofern man sie nutzt.

Mit diesem Buch möchte ich natürlich niemandem erzählen, dass sie oder er ein Totalausfall ist. Ich möchte vielmehr Dinge aufzeigen und zum Nachdenken anregen. Irgendwo findet man sich immer wieder.

Das Leben ist wie ein Stück Klopapier.
Du entscheidest ob es einlagig oder vierlagig ist,
ob es kratzt und reißt oder dich samtig streichelt.

II Das offizielle Vorwort

Warum trachtet der Mensch in der heutigen Zeit, die wir nur simpel "Digitales Zeitalter" nennen oder noch besser "Informationszeitalter" eigentlich nach rein gar nichts außer der persönlichen Selbstbefriedigung, welche er seltenst erreicht. *Liegt es am nimmer während satten Ich? Oder liegt es am Informationsüberfluss oder vielleicht doch an der Tatsache, dass er von seiner natureigenen, gegebenen Lebensweise immer mehr abweicht?* Fragen werfe ich definitiv auf und versuche diese auch zu hinterfragen, allerdings ist es mir ein persönliches Anliegen, Sie an die Hand zu nehmen und Ihnen etwas über mich und über sich selbst zu erzählen. *Warum eigentlich "Sie" an dieser Stelle? Weshalb kein "Du"?* Bringt das Du uns doch näher und schafft es Vertrautheit, nach der sich der Mensch als soziales Wesen doch sehnt. Oder hat der Mensch diese Vertrautheit vielleicht nicht mehr und fühlt sich daher oft unzulänglich, überlastet und weltfremd? Fragen über Fragen, die jeden Menschen beschäftigen, der es schafft sich diese zu stellen. Ja, der es schafft! Du hast richtig gelesen. Denn sind wir einmal ehrlich, weshalb fragen wir uns überhaupt Dinge, die das Leben betrifft und wozu soll das ganze führen, wenn nicht zu mehr Fragen? Die Antwort ist ganz klar - um Antworten zu erhalten. Wir müssen aber lernen, die richtigen Fragen zu stellen, um einen Mehrwert zu erzielen. Der Mensch sehnt sich nach Erklärungen und legt diesbezüglich eine naturgegebene Neugier an den Tag, die es uns möglich macht im Zusammenhang mit seiner gegebenen Intelligenz sich mit sich selbst auseinanderzusetzen. Hierfür muss aber bedacht werden, was überhaupt ein Ziel soll sein.

Was möchte ich vom Leben? Warum ist es nicht so, wie ich es gerne hätte? Ist es das vielleicht und ich weiß es nicht? Was ist Erfolg uberhaupt und woran macht er sich fest? Wo stehe ich, wo die anderen? Wer sind die anderen überhaupt? Brauche ich sie, brauche ich sie nicht?

Nein, das hier ist kein Schlagersong und auch keine Vorgabe, aber vielleicht für dich ein Weg, Dinge zu meistern und zum Nachdenken anzuregen.

Der moderne Mensch ist ein Teil der Natur, auch wenn es viele nicht mehr sehen. Vergegenwärtigen wir uns die Tastsache, dass jedes Lebewesen Teil der Natur ist. Auch wenn es heute nicht mehr so scheint und der Mensch unangefochten die Spitze der Pyramide bildet. So ist es aber und dieses beeinflusst unser Handeln maßgeblich und macht uns abhängig in unserem Schaffen und Dasein.

Der Weg zum Einklang ist möglich und muss kein Wunsch

bleiben, dieses möchte ich dir nun näher bringen und dich anregen und inspirieren etwas zu schaffen. Erfolgreich im Einklang Leben!

Bitte sei nicht verwundert, dass auch hier einige Konventionen aufgebrochen werden. Wenn du weiterliest, wirst du verstehen, warum es so ist, wie es ist.

Verhalte dich also nicht wie ein Lemming und renne nicht nur zur Klippe, weil es andere auch so machen. Hinterfrage die Dinge und gehe deinen eigenen Weg. Wichtig ist, was du für dich machst, nicht das was die anderen machen! Ein gesundes "Am Arsch" ist sehr häufig angebracht!

Der positive Mehrwert nach dem Mehrwertprinzip für dein Ich, ist der Schlüssel, der dich in Einklang bringen kann.

Behandle dieses Buch genauso! Bringt es dir was oder nicht? Beginne gleich damit zu hinterfragen, was ich dir erzähle. Los geht's!

III Die Konvention oder einfach die Gewohnheit

Schauen wir auf die Natur. An was denkst du zunächst? Sei ehrlich zu dir selbst! Ich möchte dich nun nicht mit Prototypensemantik langweilen oder ähnlichem wissenschaftlichen Zeug. *Was hast du für ein Bild, wenn du an die Natur denkst? Denkst du an einen Wald, eine Landschaft oder vielleicht an ein bestimmtes Tier?*

Jeder von uns kennt diese Fragen noch aus Kindheitstagen und muss vielleicht just in diesem Moment an eine Erinnerung aus dem Kindergarten oder aus der Grundschule denken, wo die Lehrerin oder der Lehrer sagt: *„Malt mal ein Bild über die Natur. "* Jeder von uns verbindet wahrscheinlich als erstes einen Wald oder etwas Ähnliches mit dem Begriff. Aber wer kann schon von sich behaupten, dass er als Erstes an sich selbst gedacht hätte. An sich als menschliche Persönlichkeit als ein Teil dieser Natur, die es zu *„malen"* gilt?

Wie hätte die Lehrerin oder der Lehrer wohl geguckt, wenn das Kind einfach sich selbst in einem Sportwagen gemalt hätte? Wahrscheinlich wäre damit niemals gerechnet worden und es hätte fragende Gesichter geerntet für diese Aktion. Aber an dieser Stelle eine kleine Zäsur. Ist es denn falsch? Nein, nur nicht gebräuchlich so zu denken, da unser halbes Leben aus

Konventionen besteht, die weitergegeben, weitergereicht und seltenst hinterfragt werden. Dieses ist auch stellenweise gut so, muss aber in dem Zusammenhang gemacht werden. Also was ist damit gemeint? Vereinfacht dargestellt nichts weiter als die Tatsache, dass bestimmte Normen und Regularien in bestimmten Situationen angewandt werden und es gegebenenfalls bestimmte Handlungsmuster gibt, die von einer bestimmten Gruppe erwartet werden. Das kann der Händedruck in einem Vorstellungsgespräch sein oder die Tatsache, dass in einem Restaurant ein Trinkgeld für die Bedienung hinterlassen wird. In dem einen Land ist das Pflicht, im nächsten selbstverständlich und in einem noch weiteren sogar eine Beleidigung. Gar nicht so einfach, aber machbar. Das Schlagwort, das du dir jetzt unbedingt in diesem Zusammenhang merken solltest, lautet "Gewohnheit". Was hätte also die Lehrerin oder der Lehrer wahrscheinlich gemacht? Sie bzw. er hätte auf der Grundlage der Gewohnheit reagiert und das Kind möglicherweise, naja sind wir ehrlich, wahrscheinlich darum gebeten, ein neues Motiv zu malen. Es sieht ja auch seltsam aus, wenn sich an der Klassenzimmerwand auf einmal viele bunte Bilder von Landschaften, Wäldern und Tieren neben dem eines Sportwagens mit einem lachenden Kind gesellt. Dabei ist es

13

egal, dass es sich um einen Sportwagen handelt. Es kann auch Omas Wohnmobil sein. Aber sind wir mal ehrlich, irgendetwas würde an dieser Stelle nicht passen. Es wäre somit nicht im Einklang mit der Bilderwand der Klasse. Oder ist vielleicht alles andere nicht im Einklang mit dem Bild des Kindes? Es kommt also auf mehr an, als in Kategorien zu denken, sondern viel mehr absolut zu denken. Es ist ja nicht falsch, was das Kind gemacht hat und hätte sicherlich überspitzt "juristische Berechtigung" dort zu hängen, aber passen würde es wohl nicht. Dieses liegt aber nicht an der Tatsache, dass es ein Auto mit einem Menschen zeigt, sondern ist vielmehr der Tastsache geschuldet, das die Gesellschaft verlernt hat, sich selbst als Teil der Natur zu betrachten. Alleine auf dieser Konvention, die so fest in den Köpfen der Mehrheitsgesellschaft verankert ist, beruht dieser ganze Konflikt, sofern er denn einer ist.

Hierfür ist die Perspektive sehr wichtig, die wir einnehmen und die uns die Welt zeigt, wie wir sie sehen. Oder zeigen es uns andere, die uns nur noch mit einfachster Unterhaltung bombardieren und zu blindem Konsum verleiten und uns der Fähigkeit berauben zu genießen. Bitte versteh mich jetzt nicht falsch! Du hast hier keine Konsumkritik in den Händen. Vielmehr etwas, was dir Wege aufzeigt, mit denen du deinen Blick auf die Welt verändern kannst, um deinen persönlichen

14

Einklang zu finden. *Aber was meine ich denn jetzt mit diesem Einklang, in dessen Verhältnis ich die ganze Zeit das Leben bringen möchte?* Der Einklang ist das Ziel und die Lösung ist es, dieses zu erreichen. Das ist möglich und ist nur durch sich selbst zu ermöglichen. Verabschiede dich von dem Gedanken, dass andere dieses für dich erreichen können. Andere können dir helfen, du bist aber der Schlüssel zu deiner persönlichen Erfolgsgeschichte. Diesen Weg musst du aber nicht alleine gehen, sondern musst vielmehr auf Menschen vertrauen, die dir Geborgenheit geben und ein Umfeld, welches nicht negativ geprägt ist. Andere geben Mehrwert, Liebe und Geborgenheit oder eben lauter negative Attribute. Daher ist es wichtig zu verdeutlichen, was ein gesundes Umfeld ausmacht, was man ernst nehmen muss und wo man gerne ignorieren sollte, um sprichwörtlich gesagt, niemanden umsonst in deinem Kopf wohnen zu lassen. Es sollte klar sein, was hiermit gemeint ist. Höre hierfür auf deinen Bauch, überlege, wer es gut mit dir meint und wer nicht. Die zwischenmenschliche Interaktion ist entscheidend. Achte darauf, ob man auf dich und deine Bedürfnisse eingeht. Versuche zu sortieren, wer gut für dich ist und wer nicht. *Wer bringt dir einen Mehrwert und wer könnte auch morgen verschwinden und du würdest sie oder ihn nicht vermissen?* Wichtig hierbei ist, dass solche Handlungen auch

Entscheidungen erwarten. Du musst bereit sein, Entscheidungen für dich zu treffen. Das wird dir nicht abgenommen. Ansonsten findest du dich ganz schnell im Konventionsstrudel wieder, der anfangs schon beschrieben wurde. Man darf eben nicht andere alles für sich entscheiden lassen und schon gar nicht darauf warten, dass sich Probleme von selbst erledigen oder von anderen für dich erledigt werden. Sicherlich, Ausnahmen bestätigen die Regel. Manchmal geschieht das natürlich, obwohl ich gerade versuche zu sagen, dass das Gegenteil der Fall sein sollte. Wichtig ist in diesem Zusammenhang, dass du dir vergegenwärtigst, wie du damit umgehen möchtest. Übernimmt jemand etwas für dich gerne, dann nimm es an und danke es dieser Person an geeigneter Stelle oder gegebenenfalls in einer bestimmten Situation. Das gebührt die Höflichkeit und sollte zu einem moralisch-korrekten Grundauftreten gehören. Dieses ist aber nirgends fixiert und beruht auf Konventionen, die du für dich selbst schaffen kannst. Ein Mikrowertesystem, mit dem du mit deiner Umwelt interagierst. Hierzu muss dir aber im Klaren sein, dass es große Worte sind, aber eigentlich nur kleine Taten erfordert. Es ist das einfache "Hallo", das "Bitte", das "Tschüss" etc... Handle so, wie du selbst behandelt werden willst. Somit gehst du nicht die Gefahr ein, ständig dein eigenes Verhalten reflektieren zu müssen. Sicherlich, es gibt Menschen, denen ist das egal. Aber wenn wir ehrlich sind, wir kennen nur die wenigsten Personen, die wirklich erfolgreich sind und das als Stinkstiefel, mit Einheitsgesicht und Neidvisage. Oder etwa nicht?

Dieses ist der springende Punkt. Solche Menschen sind Prototypen des schlechten Geschmacks. Wo sie sind, ist es negativ, man fühlt sich unwohl und denkt ganz oft: *„Komm geh sterben..."* oder ähnliches. Gerade das ist ein Indiz für den bereits beschriebenen Fall. Wir sollten aussortieren und uns mehr mit den Menschen beschäftigen, die wir positiv finden, als Kapazitäten (Zeit, Mühe) an jene zu verschwenden, auf die wir gerne verzichten können. Ein Mehrwert bleibt uns bei solchen Personen leider vorenthalten. Zu mehr als zur Belustigung dienen solche Menschen nicht und solch ein Verhalten sollte uns fremd sein, sofern wir etwas Stil für uns selbst wahren wollen. Das Ergebnis hier sollte sein "Qualität vor Quantität". Oder kurzum, nervt mich eine Person dauerhaft, ignoriere ich sie und reduziere meine soziale Interaktion mit dieser Person auf das Nötigste. Wichtig ist aber, nicht zu schnell zu urteilen und völlig wertneutral an eine Person heranzutreten. Wenn ich das schaffe, habe ich die beste Grundlage zu beurteilen und das muss ich. Mache ich dieses

17

nicht, ist das Ergebnis oft unbefriedigend und ich fange an zu viel Zeit zu verschwenden, was mich stresst und nichts bringt. So etwas mag keiner gerne und sollte vermieden werden. Generell ist aber zu sagen, dass ein positiver Zugang zu Menschen meistens positiv erwidert wird und das ist toll. Wie man mit Ausnahmen verfahren sollte, ist glaube ich genug erwähnt worden.

Was hat das nun alles mit Konventionen zu tun? Sollte der Hobbylektor hier nicht schon im Dreieck springen? Nein, ein kleiner Spaß. Natürlich hat das alles einen Bezug. Es geht darum, kleine Konventionen mit sich selbst auszumachen, um einen roten Faden in sein Leben zu bekommen. In der Natur läuft es ähnlich. Die Einteilung lautet schlichtweg Freund oder Feind. Allerdings ist das sehr unspezifisch und plump, zumal das Wort "Feind" wohl sehr stark übertrieben ist, wenn es nur um irgendeine Person geht, die dich möglicherweise auf die Palme bringt. Es sollte aber dein Bestreben sein, solche Konflikte zu Lösen und richtig damit umzugehen. Lass die Person liegen - "Guten Tag, guten Weg". Reduziere, wie bereits beschrieben, die Interaktion und schmeiße diese Person aus deinen Gedanken, bevor ein Karussell entsteht und du vor lauter negativer Sachen, die positiven nicht mehr siehst. Negative Emotionen haben den Nachteil, dass diese die vielen, oftmals kleineren, positiven Emotionen überschatten können. Das verhindert wiederum den Einklang. Der Vergleich mit der Tierwelt ist bewusst gesucht, denn Natur ist Natur und wir sind schließlich ein Teil von ihr. Man sollte aber eher pauschalisieren auf die Begrifflichkeiten Freund, neutral oder Feind. Das würde es treffsicherer beschreiben.

Wie würde nun also ein ausgeglichener Hund reagieren? Er beschnuppert, urteilt, ordnet für sich ein und interagiert auf dieser Grundlage. Dieses würde im Übertrag bedeuten, dass wir uns ebenfalls ein Bild machen von einer Person oder einem Umstand, dieses auswerten, einordnen und danach handeln. Der Hund, als klassisches Tier reagiert meistens gleich und das bedeutet, dass es für ihn einfach ist. Einfachheit schafft Lockerheit. Das heißt nicht, dass es auch richtig oder falsch ist, aber für ihn ist es so, wie es ist. Er lebt damit. Er befindet sich im Einklang und entscheidet schnell nach gewissen Kategorien. Vorausgesetzt es handelt sich um einen Hund im Einklang. Ein Hund, den wir als ausgeglichen und freundlich empfinden. Natürlich hast auch du bestimmt mal die Erfahrung gemacht, dass dir ein Hund ziemlich auf die Nerven gegangen ist und du dachtest: *„Was für eine Misttöle ...!"* Dort finden wir auch gleich die Gemeinsamkeit und den Rückbezug zur Natur. Wir haben zwei natürliche, soziale Wesen, die wir miteinander abgleichen - Hund und Mensch. Die Gemeinsamkeiten sind doch aber schon verblüffend. Sei ehrlich, hast du darüber schon einmal nachgedacht?

Man muss sich im Einklang befinden, um die Reaktionen seiner Umwelt hervorrufen zu können, die man gerne erzielen möchte. Gestresste Menschen erzeugen Stress, dieses überträgt sich auf andere, wie das Lachen einer Mutter auf ihr Baby. Positives erzeugt Positives. Negatives erzeugt Negatives.

Ich habe ganz bewusst das Positive zuerst genannt, denn das sollte immer mehr Beachtung finden als das Negative. Negatives muss immer erst als zweites betrachtet werden. Auch wenn das schwer fällt, weil es oft von außen von anderen Personen in unser Leben hineingetragen wird. Die Gründe mögen so vielfältig sein, wie die Charaktere ihrer Träger, sollten dich aber nicht beeinflussen. Dafür ist es extrem wichtig, sich zu vergegenwärtigen, ob ein positiver Mehrwert besteht, den man darüber stellen kann. Ein kleines Beispiel soll kurz verdeutlichen, was hiermit gemeint ist.

Wendet sich jemand in negativer Absicht an dich und gibt dir keinen Mehrwert, wie zum Beispiel Vertrauen, Respekt oder Ähnliches, ist diese Person nicht gerade sehr hilfreich für dich. Das können zum Beispiel Personen sein, die dich als Mülleimer benutzen und nur den Weg zu dir finden, wenn sie

Probleme haben. Selbstverständlich kann man sich vor negativen Einflüssen nicht schützen, man kann aber sondieren. Hat eine Person, die dir ansonsten aber eher gut zugewandt ist, Probleme, kann auch mal Negatives Einzug erhalten. Das ist dann natürlich ganz normal und verdient auch deine Aufmerksamkeit. Der Lehrer, der immer nur meckert, ist ein Arsch. Der meckernde Lehrer, der sonst in Ordnung ist, hat vielleicht einen scheiß Tag erwischt. Kommt dir hier einiges bekannt vor? Ja, so ist es doch vereinfacht dargestellt. Ich denke, es sollte nun klar sein, was gemeint ist.

Aber nun zurück zur Konvention. Verstehst du nun etwas besser, was damit gemeint ist? Fast alles beruht auf Konventionen, nur können wir diese auch für uns selbst beeinflussen und eigene Handlungs- sowie Reaktionsmuster in unserer kleinen persönlichen Welt aufstellen. Denken wir nur wieder an den Hund, der für sich lernt, durch den Grundtrieb des Überlebens gesteuert, wie er mit seiner Umwelt umzugehen hat. Währenddessen bekommen wir dieses Verhalten durch unseren Kulturkreis von außen. Ansonsten wird man wohl eher als non-konform bezeichnet. Aber das ist gerade die Lücke, die in bestimmten Bereichen zu nutzen ist. Die Non-Konformität gegenüber der Entfremdung des Menschen von der Natur. Damit meine ich schlichtweg, dass man sich mal Gedanken darüber machen muss, inwiefern wir darauf gepolt sind, anderen gefallen zu wollen. Es ist ohne Frage super, wenn man beliebt ist und von vielen gemocht wird. Dieses ist auch erstrebenswert, allerdings nur bis zu einem gewissen Grad. Dem Grad, an dem eigene Werte und Interessen in Konflikt geraten könnten. Die Gruppe formt durch die Erziehung das neue Mitglied. Aufgrund dieser Tastsache wird der Mensch aufgrund mangelnder Überzeugung seines Ursprungs entsprechend erzogen. Es findet also eine Art passive Leugnung statt, die begünstigt ist durch schiere Unwissenheit. Einige halten den Menschen für ein Überwesen, was ich persönlich Quatsch finde, andere würden sicherlich sagen: *„Wer denkt denn über sowas heutzutage noch nach .... hab doch gar keine Zeit für so einen Murks."* Hier findet sich das Ergebnis des Problems, was auch gerade dazu beiträgt, dass es nicht behoben werden kann. Ein Teufelskreis entsteht. Die fehlende Aufklärung findet nicht statt, weil keine Zeit und permanenter Stress besteht. Der Mensch selbst benötigt aber diesen Bezug zum Ursprung, um Stress bekämpfen zu können. Es ist also verfahren und daher läuft es weiter und weiter. Vor lauter Stress im Alltag kommt man nicht richtig zur Ruhe und hat kaum eine Möglichkeit, sich mit einer solchen Fragestellung auseinanderzusetzen. Das reizüberladene Leben lullt den Menschen heutzutage in gewisser Weise so ein, dass er gar nicht mehr daran denken kann. Entertainment hier, bunte Lichter dort, pausenlose Werbung, Kredite bedienen, Verpflichtungen am Arbeitsmarkt und schließlich eine gesunde Portion Ellenbogenmentalität ganz nach dem Credo:

A: *„Wie viel wollen Sie denn gerne verdienen?"*

B: *„Hauptsache mehr als mein Nachbar!"*

Ich denke, dieses sagt genug über Person B aus. Man mag darüber lachen, das muss man und sollte man auch. Die Tatsache, dass jemand so von sich selbst entfernt ist, dass er sein eigenes Glück nur an Handlungen anderer koppelt, macht ihn als Person vollkommen abhängig. Es ist schön, ein Feedback von einem Trainer oder Vorgesetzten zu erhalten, sofern es eine ehrliche Kritik ist und keine "Hauptsachekritik" nach dem Motto: *„Ich muss jetzt irgendwas sagen ... Hauptsache ich sage was."* Wie zum Beispiel wenn Personen C und D dieselbe Arbeit abgeben und beide ein unterschiedliches Feedback hören. Das wäre dann natürlich großer Mist und ist auch so zu behandeln.

Aber zurück zu dem Beispiel mit den Nachbarn. Person B ist sowas von nicht im Einklang, dass ich sogar darauf Geld verwetten würde. Wer sein eigenes Wohlbefinden nur an grundlegend negatives Verhalten wie Neid stützt, ist wirklich armselig. Neid ist etwas, was natürlich leicht entsteht, im Grunde ist es aber eine Charakterschwäche. Sicherlich hat der eine Glück, der andere nicht. So ist es aber nun einmal und wir alle müssen damit bestmöglich leben. Aber sind wir einmal ehrlich. Mein erster Gedanke ist, die Person B muss für seine Einstellung ausgelacht werden. Nur ist dieses Verhalten leider symptomatisch für die Gesellschaft von heute. Frage mal einen Juristen in deinem Bekanntenkreis, falls sich dort einer befindet, was sie oder er dazu zu sagen hat. Klagen, wie beispielswiese *„Mein Nachbar hat ein neues Auto, jetzt stört mich die Höhe der Hecke seines Grundstücks auf einmal"*, sind völlig normal heutzutage. Was denkst du, passiert nun mit den Menschen im Umfeld solch einer Person? Richtig, sie übertragen ihre Angewohnheiten und ihr Verhalten auf andere. Das Ergebnis sind noch mehr schlechtgelaunte Gesichtsakrobaten und Nörgelheinis, die jedem doch den Tag versauen, der sich etwas länger mit ihnen aufhalten muss. Konventionen, diese nicht festgeschriebenen Handlungsmuster, sind so tückisch. Schade eigentlich! Es sei denn man nutzt diese für sich und erschafft sich seinen eigenen kleinen Mikrokosmos, der geschützt ist, wie eine Zelle durch eine semipermeable Membran. In die eine Richtung geht etwas rein, aber nicht mehr raus. Genauso muss es sein! Positives wird reingelassen und nicht mehr rausgelassen, sondern in sich aufgenommen. Man lässt sich durch die positiven Aspekte tragen. Im Gegenzug wird das Negative vor der Tür gelassen und sprichwörtlich ausgeschlossen. Das ist möglich und völlig natürlich. Sieh dir folgendes Beispiel kurz an bzw. stelle dir folgendes Szenario vor.

Der Hund macht eine negative Erfahrung, ganz nach den Pawlowschen Versuchen und erhält einen Stromschlag, weil er an das für ihn hingestellte Futter geht, ohne die Glocke gehört zu haben, die als Signal vorher geschlagen wird. Der Hund wird konditioniert, also geeicht, auf ein bestimmtes Verhaltensmuster, welches nach dem Belohnungs- und Bestrafungsprinzip funktioniert. Genauso werden wir geeicht durch die Gruppen, mit denen wir leben. Wir sind Schwimmer in einem Meer aus Konventionen, geeicht auf dieses und jenes. Aber teilweise vollkommen an der natürlichen Sache vorbei. Der Hund in dem genannten Beispiel macht zunächst eine negative Erfahrung, lernt daraus und umgeht zukünftig Situationen, die zu weiteren negativen Reaktionen führen. Für uns bedeutet das im Übertrag eigentlich nichts anderes als die Tatsache, dass man die Situation sondieren sollte, wie es bereits in unserer Natur liegt, und wir durch unseren Intellekt situativ etwas dazu lernen können. Aber das ist ja auch eigentlich kein Problem, solange man irgendwann an den Punkt kommt, Dinge zu hinterfragen und nicht alles als gegeben zu akzeptieren, nur weil es Gewohnheit ist. Aber hier möchtest du sicherlich etwas optimieren, zumindest ist das ein Grund, warum du bis hierher gelesen hast und hoffentlich weiter am Ball bleiben wirst.

Halten wir kurz fest, worauf es bisher angekommen ist. Der Einklang ist die Lösung, er ist quasi das Gleichgewicht des Menschen in sich selbst. Daraus resultiert Zufriedenheit. Nur wer zufrieden ist, kann dauerhaft produktiv sein. *Wer weiß, was er will, ist wer er will!* Konventionen/ Gewohnheiten werden unfreiwillig an uns herangetragen, wir müssen lernen zu sondieren, wo sie für uns Sinn machen und wo nicht – natürlich in einem moralisch-korrektem-Verhältnis. Niemand soll bitte sagen, nur weil es für mich okay ist, überfalle ich eine Bank. Das wäre natürlich moralisch nicht korrekt. Gemeint ist eher der kommunikative Umgang mit den Mitmenschen da draußen.

IV Reizüberflutung lenkt ab vom Wesentlichen

Gehen wir kurz in ein kleines Gedankenspiel und denken an die Kunst - an Bilder, die uns bekannt sind. Denk mal an die Zeit des ausgehenden 19. Jhd./ Anfang des 20. Jhd. zurück. Die Menschen lebten damals in einer Zeit des industriellen Umbruchs, auch oft als "Industrielle Revolution" bezeichnet. Die Auswirkungen dieser Zeit sind heute wieder spürbar. Alles wird im wahrsten Sinne des Wortes schneller, globaler und weitläufiger. Wir wissen, teils freiwillig und teils unfreiwillig, wenn in Südamerika etwas umkippt, in China etwas brennt und wo Person XY Urlaub macht und so weiter und so fort. Etwas Werbung darf natürlich nicht fehlen. Man steht ständig unter Stress. Dieses wird begünstigt durch die permanente Erreichbarkeit, wie beispielweise die E-Mails, die man noch im Bett abrufen kann. Hinzu kommt noch der Stress durch die sozialen Netzwerke, schließlich muss man doch immer auf dem neusten Stand sein. Fertig ist die Reizüberflutung. Des Weiteren werden wir durch diese ganzen Mechanismen immer mehr zum *"Gläsernen Bürger"*. So macht sich beispielsweise der potenziell neue Arbeitgeber im Netz erst einmal schlau, wen er möglicherweise einstellt. Diese und weitere "Stasimethoden" sind doch allgegenwertig und stehen stellenweise sogar aus Langeweile bei einigen Menschen im Privaten auf dem Programm.

Niemand würde zugeben, dass ihnen das Geschilderte stresst. Es ist auch eher untergründig. Viele Menschen denken gar nicht darüber nach. Ohne Frage hat alles seine Vorteile. Der mediale Fortschritt macht auch sehr viel Spaß. Das ist nicht zu leugnen und soll hier auch nicht geleugnet werden. Ich möchte aber kurz darstellen, wie es sich auf den Menschen auswirken kann. Oft ist es auch latent und gar nicht bewusst bemerkbar. Wir befinden uns aber im Dauerbetrieb. Wir fokussieren uns seltener und verpassen das Reale. Statt wahrhaftige Unterhaltungen zu suchen, sitzen viele Menschen lieber gegenüber voneinander und starren affenhaft auf ihr Smartphone. Klar, das muss auch mal sein, aber wenn wir ehrlich sind, passiert da wirklich so oft so viel oder glotzen wir nicht auch häufig nur Scheiße an und verpassen daher einiges. Mal ernsthaft, es gibt Menschen, die laufen vor Autos, weil sie gebückt wie ein Greis auf ihr Smartphone starren. Diese belanglose Beschäftigung führt sie fast in den Tod im Straßenverkehr. Seltsam oder? Aber an dieser Stelle genug Wertungen von meiner Seite. Beleuchten wir einmal ganz kurz, was das eigentlich bedeutet.

Ist es natürlich, permanent erreichbar zu sein? Ist das

28

erstrebenswert? Für meine Lieben und für meine Familie gibt es von mir diesbezüglich definitiv ein „Ja"! Aber wie sieht es mit anderen Dingen aus? Die Angst davor, dass ich meinen Chef selbst im Urlaub am Handy habe. Oder die Tatsache, dass andere Leute sehen können, wann ich wo online bin, weil ich vergessen habe, die Datenschutzeinstellungen zu ändern. *„Ach, der ist ja Zuhause. Da kann ich ja mal anrufen und fragen, warum er denn in dem kranken Zustand noch unterwegs ist."* Versteh bitte an dieser Stelle, worauf ich hinaus will. Ich will hier keine paranoiden Gedanken fördern, sondern ich möchte damit nur verdeutlichen, dass das alles möglich ist und das ist nicht sehr schön. Es zieht sich durch unser ganzes, modernes Leben.

Die Werbung ist diesbezüglich sehr erfinderisch. Man braucht schon wirklich stellenweise eine gute Schulbildung, um überhaupt erkennen zu können, was Werbung ist und was ein Bericht ist. Maßgeschneiderte Werbung findet sich überall. Das lenkt oft vom Wesentlichen ab und fordert ständig den Geist, der irgendwann nicht mehr zur Ruhe kommt. Es muss ja einen Grund haben, warum es beispielsweise den Ausspruch *"Generation Burnout"* gibt. Jedoch möchte ich die heutigen Medien in ihrer Vielfalt nicht missen. Bei dem Gedanken, dass ich dieses Buch auf der Schreibmaschine schreiben müsste, wird mir schon ganz anders. Nein, das muss nicht sein! Es ist besser so, wie es ist. Machen wir uns also nichts vor. Alles hat Vorteile, aber auch Nachteile.

Der Schrei von Edmund Munch ist das Erste, das mir einfällt und verbildlicht, was ein überfordertes Ich darstellt. Die Hände sind seitlich am Gesicht gerade ausgestreckt, der Mund ist geöffnet, die Augen sind weit aufgerissen und die pure Verzweiflung steht ihm im Gesicht. Der heutige Bezug ist definitiv da und es erfordert Zeit und Techniken, mit der schneller werdenden und nie vergessenden Welt von heute ganz und gar klar zu kommen. Das ist aber möglich, sofern man sich vor Augen hält, dass nicht alles für einen selbst relevant ist. Ja, relevant ist und nicht sein sollte! *Was schert mich Werbung eigentlich?* Ich lasse mich darauf nicht ein. *Permanente Erreichbarkeit - für wen?* Die Antwort muss klar „Nicht für jeden!" sein. Ich muss aussortieren und mir Gedanken machen, wie ich sondiere. Dein Vorgehen sollte dabei genau nach demselben Muster geschehen, wie du es auch bei Personen anwenden solltest. Du solltest keine Aufmerksamkeit auf Dinge verschwenden, die nicht wichtig sind. *Muss man immer gleich antworten?* Nein, aber man sollte auch nicht zu lange zögern. Es sei denn, es ist einem schlichtweg scheißegal. Das kann man aber nur selbst wissen. Wenn wir nochmal auf die Natur als

Ursprung des Menschen blicken, dann stellen wir fest, dass genau das in der Tierwelt praktiziert wird. Es wird stets zielgerichtet nach dem Mehrwertprinzip gehandelt. Du musst also überlegen, was wichtig ist und was einen Mehrwert für dich hat. Nur hierdurch erreichst du Klarheit sowie Ruhe und gefährdest nicht deine Kapazitäten.

Abschließend sei gesagt, sondiere auch hier aus. Mach dich nicht zum Sklaven der Medien. Nutze sie für dich, nicht für andere. Bestätigung braucht man nicht von jedem. Das wäre der völlig falsche Ansatz und würde früher oder später zu der Einsicht führen, dass man verdammt viel Zeit und viele Kapazitäten verschwendet hat.

Also merke dir bitte folgenden Satz! *Mehrwert ist das Wichtigste.* Gibt es keinen Mehrwert, vergiss es und behandle es zweitrangig, um keine Kapazitäten, Zeit und Mühen zu verschwenden. Das ist der Grundsatz, den du auf nahezu alle Kategorien des Lebens anwenden solltest. Der Erfolg wird sich automatisch einstellen und du wirst deinem persönlichen Einklang viel näher kommen.

V Launen übertragen sich auf die Einstellung.
Hab Spaß!

Kann man jedem alles recht machen? Vergiss es! Das klappt nicht. Wer solch einem Ideal krampfhaft hinterher läuft, wird unweigerlich zu der Erkenntnis kommen – „schöne Scheiße!" Es wird nur seltenst gelingen. Auch hier ist wieder die Mehrwertregel anzuwenden. Ganz frei nach dem Motto - Gute Laune „Hej" schlechte Laune „Nein, danke". Wir müssen selbst entscheiden, was wir in unseren Kopf laden. Genauso verhält es sich mit Personen. Nehmen wir folgendes Beispiel, das auch du sicherlich in irgendeiner Form bestätigen kannst.

In einem Betrieb haben wir viele Menschen in der Belegschaft, allerdings finden wir grundlegend zwei Typen. Typ I ist der, der Spaß an seiner Arbeit hat. Er umgibt sich gerne mit den Kollegen und hat Spaß. Ein lockerer Spruch geht über die Lippen und positive Laune wird verbreitet. Typ II dagegen ist der Stinkstiefel. Er macht alles mies. Er ist gelb vor Neid und versucht sich krampfhaft aufzupolieren, indem er Fehler bei anderen sucht, um seinen eigenen dürftigen Mehrwert zu steigern. Das Verhalten solcher Menschen ist krank und dem gilt es auszuweichen, damit man sich die Scheiße nicht anhören muss bzw. diesen Charakter nicht ertragen muss. Eine solche

Persönlichkeit schafft es, ein gut funktionierendes Team zu zerschlagen. Die Laune überträgt sich leider und die Leistungsfähigkeit sinkt, da nur ein gut gelaunter Mitarbeiter dauerhaft gut und produktiv tätig sein kann. Deshalb gilt auch hier. Mehrwert? Nein, also "raus" und aus dem Weg.

Wir finden solche Situationen leider viel zu oft in unserem Leben vor. Doch zum Glück haben wir es selbst in der Hand und können das Blatt für uns ins positive wenden. Spaß ist der Schlüssel zu allem. Wer nur zur Arbeit geht, um Geld zu verdienen, wird unzufrieden sein und dieses auch ausstrahlen und übertragen. Wichtig ist der Spaß dabei! Jeder schätzt gute Kollegen, Mitarbeiter oder Partner, die ausgeglichen und locker mit sich und ihrer Situation umgehen. Ist der Arbeitende im Einklang, schafft er nahezu alles alleine. Allerdings ist in einem Team, das gerne mit solchen Menschen zusammenarbeitet, alles möglich! Dieses ist sehr wichtig zu verstehen. Du kannst es jetzt zum einen als Chef lesen, als Personaler oder einfach nur für dich. Zieh hieraus deine eigenen Schlüsse. Du wirst sicherlich welche ziehen und für dich auswerten können. Vergiss bitte an dieser Stelle nicht, dass ich Beispiele nenne. Natürlich ist ein Transfer in viele Situationen möglich. Das Leben gibt die besten Beispiele hierfür. Bedenke, denn ein Mensch, der gegen seinen Willen ohne Spaß, sondern nur getrieben von einem Zwang, einer Beschäftigung nachgeht, ist nur bedingt frei. Mit Spaß bist du frei. Du wirst die tollsten Erlebnisse erleben, indem du Spaß an dem empfindest, was du machst und schaffst.

Ein Profisportler wäre kaum Profi, wenn er keinen Spaß an seinem Sport hätte. Ein Börsenmakler ist auch nur dann erfolgreich, wenn aus einer Tätigkeit eine Passion wird. Leidenschaft, für eine Sache zu brennen, ist der Schlüssel. Was es bei dir ist, kann ich dir nicht sagen, ich kann dir lediglich sagen, das der Indikator dafür ist, sich wohlzufühlen und etwas gerne zu machen. Der Spaß stellt sich ganz von alleine ein, sobald ich mich darauf einlasse und meine Tätigkeit für mich persönlich reflektiere. Aber was soll ich hier erklären, du weißt es selbst am besten, horche in dich hinein.

Mir persönlich ist wichtig, dass zu einem natürlichen Auftreten auch ein natürliches Verhalten gehört. Das meint, du solltest du selbst sein. Nicht jeder Mensch ist gleich und das ist auch gut so! Unser Leben wäre ja sonst auch ziemlich langweilig. Das Problem ist vielmehr, dass viele Menschen dazu neigen, andere Menschen so zu eichen, dass sie ihnen selbst entsprechen. So wird ein Auszubildender solange vollgelabert, bis er dem Ausbilder als 2.0-Version entspricht. Das passiert dann Kraft eigener Arroganz. Nicht nur scheinbar positives wird weitergegeben, sondern auch vielmehr fragwürdige Eigenschaften. Ich möchte dir noch ein weiteres Beispiel zur Verdeutlichung geben. Es ist doch immer wieder verblüffend, wie Konsumenten einiger selbsternannter Motivationstrainer im Anschluss alles eins zu eins wiederkäuen und damit ihrer Umwelt teilweise auf den Geist gehen. Ich will damit sagen, dass du nicht einfach kopieren solltest. Sei natürlich und sei vor allem du selbst. Das hilft dir am meisten. Lass dich inspirieren durch andere Personen und lasse dich darauf ein. Man kann super voneinander lernen. Ziehe einen Mehrwert für dich heraus. Aber übernehme nicht alles ungefragt 1:1. Es wirkt plastisch, da es nur kopiert ist. Anders ist es dagegen sich inspirieren zu lassen. Einiges zu übernehmen, abzuwandeln, bis es den eigenen Bedürfnissen entspricht und es für sich gewinnbringend zu verwenden.

Also lies dieses Buch und denke darüber nach, *was kann es für einen Mehrwert für dich haben. Wo findest du dich wieder? Was kann dir helfen?* Übernimm aber niemals im Leben etwas blind. Es muss von innen heraus kommen. Es ist ja schön, dass der selbsterklärte Motivationsguru die Weisheit mit Löffeln gefressen hat. Aber ist es auch so? Ich denke, die Wahrheit liegt in der Mitte. Setze dich immer selbst auseinander mit den Dingen, die dich betreffen. Lerne zu hinterfragen. Hilfe von der

Selbsthilfe ist sonst irgendwann nötig. Das muss ja nicht sein und kann nicht Ziel, Sinn und Zweck sein.

Ich bin an dieser Stelle etwas in einen Exkurs geraten, möchte aber nun wieder zum eigentlichen Thema zurückkommen. Also nun zurück zum Thema Spaß. Überlege einmal, wie du dich fühlst, wenn du eine Aufgabe, sei es ein Arbeitsauftrag oder irgendetwas anderes, bekommst? Die Grundstimmung ist entscheidend. Spaß bedeutet Leichtigkeit. Der Kopf ist frei und wir können uns auf unsere natürlich gegebenen Fähigkeiten verlassen. Wir handeln instinktiv. Ein Sportler ist oft blockiert, wenn er zu viel denkt. Manchmal ist es besser, es einfach laufen zu lassen. Zuviel denken kann behindern und das wirkt natürlich erschwerend, da die Chance besteht, dass wir verkrampfen und das Ergebnis dann natürlich nicht unserer Vorstellung entspricht. Was jetzt wiederum nicht heißen soll, bei allem Handeln das Hirn auszuschalten. Ganz im Gegenteil. Ich möchte damit lediglich sagen, dass wir mehr in unserer Hand haben, als wir selbst vermuten.

Es ist natürlich situationsabhängig. Die Goldene Regel ist, erst zu denken und dann den Mund aufzumachen. Das ist schon sehr wichtig und sollte beherzigt werden. Allerdings wird gerade die Kreativseite oftmals davon gehemmt, das man nicht instinktiv handelt, wie es in der Natur häufig vorkommt.

Manchmal ist die Devise *"Just do it"* - *"Mach es einfach"* am griffigsten. Wichtig hierbei ist nur, sich dem Zusammenhang verbunden zu fühlen. Man sollte schon darauf achten, dass man nicht immer alles zerdenkt, denn ständiges Grübeln bringt nichts. Wer grübelt ist nicht frei. Nur freie Geister können frei agieren und einen Mehrwert erreichen. Daher ist es super wichtig, sich klar zu machen, dass man frei sein will. Frei wie ein Vogel, wie man so schön sagt. Nicht fremdbestimmt, sondern Spaß sowie Freude an den Dingen des Lebens haben. Nur wer das empfinden kann und für sich erzeugt, kann es an andere weitergeben und dadurch noch mehr erreichen, da er es selbst widergespiegelt bekommt. Spaß ist die Devise! Nur woran ich Spaß empfinde, nur darin kann ich auf Dauer gut sein und wunderbare Leistungen und Ergebnisse erzielen. Ein Kreislauf aus positivem Mehrwert. Das sollte das Prinzip sein. Bitte beherzige das für dich. Es ist wirklich etwas dran. Du wirst schon sehen.

An dieser Stelle habe ich eine kleine Aufgabe für dich. Leg das Buch oder deinen Reader mal kurz zur Seite und überlege folgendes. *Was macht dir Spaß? Wie empfindest du dann diese Zeit? Vergeht sie schnell oder langsam? Wie fühlst du dich danach? Kannst du das Gefühlte übertragen?*
Wenn du fertig bist, dann lies bitte weiter.

VI Der Transfer von positiven Ereignissen.

Nutz es für dich!

Möchtest du deinen Alltag mehr mit positiven Ereignissen aufladen, ist das natürlich nicht unmöglich. Wichtig hierbei ist es, dass du dir klarmachst, das aus Frust selten etwas Gutes entsteht. Du solltest versuchen, positives mitzunehmen und mit einer positiven Grundeinstellung an etwas heranzugehen.

Als Beispiel, das jedem bekannt sein dürfte, kann hier das halbvolle bzw. halbleere Glas genannt werden. Wie du merkst, stelle ich das Positive immer voran. Das solltest du auch machen. Frag dich nicht immer gleich, was nun so schlecht an einer Sache ist. Sieh dir lieber mal an, was es für Vorteile haben kann. Sicherlich, es gibt natürlich auch durch und durch negative Sachen, da hilft auch kein Schönreden. Das kann sonst schon ziemlich schnell verblendet herüberkommen. Das bringt ja auch nichts und hat keinen Wert. Hast du beispielsweise ein erfolgreiches Ereignis, konserviere es gedanklich und denke in ähnlichen Situationen an dieses zurück. Mach dich nicht verrückt, wenn es mal nicht läuft. Sieh lieber das, was du schon geschafft hast. Den größten Fehler, den man machen kann, ist es, den Hang zur Bodenständigkeit zu verlieren. Wäre es nicht schön, einfach sein Gehalt zu genießen, statt sich selbst zu zermartern, warum man nicht viel mehr hat. Man verliert den Blick für das Wesentliche. Mir ist es ein Rätsel, warum gerade Reiche nach immer mehr streben. Es muss eine Art Kompensation von Persönlichkeitsstörungen sein, wie eine Profilneurose oder ähnliches. Warum strebe ich, wenn ich schon zehn Millionen Euro besitze, nur nach der elften Millionen? Wäre ich so reich, würde ich mich sehr freuen und mein Leben bewusst mit den zehn Millionen genießen. Ja, es ist ein Extrembeispiel, allerdings ist es auf jede Relation zu übertragen. Es kann also auch der Vergleich sein, warum ich ein solides Einkommen nicht akzeptiere. *Muss denn alles vergoldet sein? Sind die wahren Dinge im Leben mit Geld aufzuwiegen?* Nein! Liebe, Zufriedenheit, Gesundheit und vieles andere sind nur einige Dinge, die man nicht kaufen kann, auch wenn es immer mehr Menschen gibt, die das Gegenteil behaupten. Das ist aber Schwachsinn! Wirklich! Wenn ich einer Person Geld gebe und sage: *„Sei mein Freund!"* Dann ist es ein Geschäft und keine Freundschaft. Egal, wie es vorgegaukelt wird, es ist und bleibt eine Dienstleistung und mehr nicht.

Aber warum schreibe ich hier darüber. Es wirkt im ersten Moment vielleicht etwas abgedriftet, das ist aber gar nicht so weit entfernt vom Thema. Es ist die Grundintention, die zugrunde liegt. *Kann ich Zufriedenheit empfinden? Stelle ich mich mit anderen permanent in einen Konkurrenzkampf?* In einen Konkurrenzkampf, den es im schlechtesten Fall gar nicht gibt. Wie sagt man so schön: *„Konkurrenz belebt das Geschäft ".* Im Sport muss sie sogar sein, um mehr Leistungen aus dem Sportler herausholen zu können und diesen zu mehr und mehr Arbeit zu motivieren. In Bezug auf die persönliche Konkurrenz macht es schier nur krank und bring nichts. Man ist nicht fokussiert und schaut nur noch auf seinen vermeintlichen Konkurrenten. Das Armselige daran ist, dass es gar keinen Wettbewerb gibt, sondern im Prinzip alles selbst konstruiert wurde, wie zum Beispiel der Gedanke an den Nachbarn mit seinem neunen Auto, an den Pool des Arbeitskollegen oder den Trödelhändler, der mehr verdient als ein Akademiker usw... Es ist doch egal! Man selbst muss seine eigenen Maßstäbe festlegen und sich zunächst überlegen, was man im Leben eigentlich will. Das Meiste wird von außen durch TV und das Web hineinprojiziert. Was man nicht alles haben muss und haben sollte, wird einem von einer ganzen Industrie eingetrichtert. In diesem Zusammenhang sollte der Begriff Mediensuggestion kurz fallen. Es wird einem von irgendwelchen Videobloggern auf den bekannten Videohochladeplattformen eingetrichtert, was "trendy" ist.

„Das muss her, das sollte man"... bla, bla, bla! Wirklich, mehr fällt mir dazu nicht ein. Die Wenigsten machen sich darum Gedanken, dass diese Leute sich selbst "Influencer" nennen, was so viel wie "Beeinflusser" bedeutet. Sie bereichern sich daran, dass sie von Unternehmen bezahlt werden, dir zu sagen, was du zu machen hast! Ich sage dazu nur: *„Web an, Hirn aus!"* Das Ergebnis ist eine permanente Unzufriedenheit beim Konsumenten, der ja immer nach mehr strebt und komplett die Bodenhaftung verliert. Überschuldung ist zum Beispiel ein wirtschaftlicher Schaden, der häufig eintritt. Ganz zu schweigen von der persönlichen Schmach, ständig etwas hinterherzujagen, wie der Hund seinen eigenen Schwanz jagt. Wenn wir aber einmal kurz innehalten, fällt uns auf, dass es gar nicht alles so weit kommen muss. Das, was ich dir versuche hier zu sagen, ist, dass du dein eigener Herr bist. Du musst nicht alles übernehmen, nur weil es Menschen gibt, die etwas in dich hineintragen wollen. Bedenke immer, dass diese Personen ihren Nutzen daraus ziehen wollen, wenn sie dich für ihr Vorhaben einnehmen. Sei dir als erstes im Klaren, was du willst, dann spielt so etwas, wie oben beschrieben, auch keine Rolle für dich. Es ist einem dann schlichtweg scheißegal, was andere haben, was irgendeine angeblich selbsternannte Influencer-Göre einem versucht einzutrichtern oder was die

41

Werbeindustrie mir durch hunderttausende Produktplatzierungen latent mitteilen will. Eines sollte dir klar sein. Sie wollen in jedem Fall aus ihrer Sicht nur dein Bestes und das ist dein Bargeld! Ich vertrete die Ansicht, dass man sich frei machen muss von einer solchen Beeinflussung. Eine gesunde Skepsis ist sehr wichtig.

Das Ziel sollte sein, einen Mehrwert zu haben und den habe ich nur, wenn ich meine eigenen Standpunkte aufstelle und nur mit mir selbst ausmache, was ich wirklich will. Wo liegen deine Prioritäten unabhängig von beruflichen Stereotypen, Verdienstmustern oder ähnliches? Wenn du das für dich klären kannst, dann bist du auf dem besten Weg selbst in persönlicher Mündigkeit zu leben. Dann bist du auch in der Lage, dich selbst gedanklich zu beeinflussen. Dann ist es möglich, positives zu übertragen und es für sich gewinnbringend zu nutzen. In gewisser Weise ist der positive Transfer ein Mehrweg-Mehrwert, ähnlich einer Pfandflasche, die mehrmals genutzt wird. Ich habe heute Morgen etwas Gutes erlebt, also trage ich dieses auch in den Mittag hinein. Ich habe ein gutes Gespräch mit einem Kunden gehabt und gehe besonnen und positiv in ein weiteres Gespräch mit einem anderen Kunden. Die Chance, dass ich so mehr erreiche, steigt exponentiell an. Es sollte so möglich sein, mehr und mehr zu erreichen. Wichtig ist es immer, nichts zu erzwingen. Wer etwas erzwingt, verkrampft dabei. Dann habe ich ruck zuck eine negative Folge. Das wäre aber ja nicht in unserem Sinn.

Lerne, dass du Dinge des Öfteren für dich nutzen kannst. *Sei dein eigener Influencer und lass andere labern!*

VII Was hat das alles mit der Natur zu tun?

Diese Frage ist zu Beginn schon mehrmals aufgeworfen worden und soll nun endlich bedient werden. Die Antwort darauf ist einfach - eigentlich alles! Wenn man alles, was in diesem Buch bisher geschrieben wurde und noch geschrieben wird, in den Kontext der Natur stellt, wird einem relativ schnell deutlich, das alles in Zusammenhang mit natürlichem Verhalten gesehen werden kann. Gibt es beispielsweise irgendwelche Affen, die anderen Affen über Kanäle erzählen, was sie machen sollen oder was sie kaufen sollen? Wohl kaum! Ist es in der Natur üblich, seinen eigenen Bedürfnissen nachzugehen, solange man die Gesetze der Gruppe befolgt? Wohl eher!

Denk bitte immer daran, wo wir herkommen! Was hast du darüber gelernt? Kannst du das als Vergleich auf dich münzen? Versuch es mal! Du wirst sehen, dass auf einmal ziemlich viel, ziemlich lächerlich wirkt, sobald man folgendes macht.

Stell dir mal lauter Affen vor, die in alltagstypischen Situationen sind. Es können auch Waschbären oder andere Tiere sein, was dir gerade einfällt. Stell dir nun einmal vor, diese Gruppe von Tieren würde in einer Firma sitzen und darüber streiten, was als nächstes Projekt geplant werden sollte. Oder stelle dir vor, zwei Affen stehen in einer Richtershow im

Fernsehen und streiten. Okay, pardon! Mein Fehler. Es sind ja auch oft Affen, die dort streiten. Aber nun wieder wirklich im Ernst. Stell dir vor, Affen in Anzügen arrangieren sich, wer welchen Entwurf abgibt oder ähnliches. Das wirkt schon ziemlich lächerlich. Genau das ist es, was der Mensch oft daraus macht. Es ist schlichtweg lächerlich, wenn wir uns einmal vor Augen führen, worüber wir uns eigentlich aufregen oder was uns gedanklich beschäftigt und im schlimmsten Fall geißelt.

Die Natur würde es schnell regulieren. Ein Affe würde wahrscheinlich im wahrsten Sinne des Wortes mit Scheiße schmeißen und sich seinem Tagesgeschäft zuwenden. Das wird übrigens tatsächlich von Affen praktiziert. Ich möchte hiermit natürlich nicht propagieren, im nächsten Meeting einfach dem unliebsamen Kollegen Scheiße an den Kopf zu schmeißen. Was ich aber damit deutlich machen will, ist, sich der Leichtigkeit zu bedienen, die uns die Natur gegeben hat, der wir entspringen. Es kann alles ziemlich einfach sein, wenn die richtigen Denkstrategien genutzt werden. Das kann zum Beispiel sein, sich nicht ablenken zu lassen. Dem Ganzen nur so viel Aufmerksamkeit zu geben, wie es absolut nötig ist. Situationen und Ereignisse nicht unnötig aufzuladen und somit zu verfestigen. Nutz immer mal wieder die Möglichkeit, Dinge mit der Natur zu vergleichen. Wie würde es dort laufen? Dort ist keine Zeit, sich damit auseinanderzusetzen. Es folgt meist eine kurze Reaktion und dann geht es weiter. Wir Menschen neigen aber dazu alles kaputtzureden. In allem wird etwas gesehen. Es wird zu viel analysiert und interpretiert. Klar ist das manchmal von Nöten, das möchte ich hier gar nicht verneinen. Dem persönlichen Glück steht so etwas aber oft im Weg. Nehmen wir einmal eine Situation aus dem täglichen Leben.

Stellen wir uns einmal vor, wir erfahren ungewollt von einem Ereignis. Sagen wir einfach, jemand ruft uns an und erzählt uns etwas, das einfach nur nervt. Lauter negative Aspekte, die aber wohl im Sinne der betreffenden Personen gesagt werden müssen. Unweigerlich kommt es nun zu einem negativen Übertrag, wenn nicht die richtigen Denkstrategien angewandt werden. Es kann zumindest dazu kommen. Dementsprechend wäre es die direkte Umkehrung dessen, was wir erzielen wollen. Gerne nehmen wir positiven Input und wollen diesen übertragen, mit negativem Input sollten wir etwas analytischer verfahren. Was haben wir denn eigentlich davon, sollte die erste Frage sein. Bringt es mir was oder will mich nur jemand als Mülleimer benutzen? Sicherlich, es gehört zu Freundschaften und Beziehungen dazu, ein offenes Ohr zu haben. Man muss aber unterscheiden, ob es *mal* der Fall ist oder *dauerhaft*. Man muss sich ja nicht "dichtmüllen" lassen, nur damit es anderen besser geht. Das wäre zwar sehr edel, ist aber vollkommen am Thema vorbei. Man muss einen gesunden Egoismus an den Tag legen, um sich selbst zu schützen. Das gelingt aber nur, wenn man in der Lage ist, vernünftig schlussfolgern zu können. Aber wen interessiert schon das Geläster einer beliebigen Person über eine andere? Es sollte einem vollkommen gleichgültig sein, denn oft ist es nichts weiter als der Versuch, von eigenen Unzulänglichkeiten abzulenken. Ich finde, das ist sehr armselig und verdient keiner Aufmerksamkeit, sondern ist in meinen Augen Lebenszeitverschwendung. Allerdings muss das natürlich jeder für selbst entscheiden.

Gehen wir nun an dieser Stelle ein bisschen zurück und blicken nochmals auf das weiter vorne im Text genannte Beispiel mit dem Anruf. *Sehen wir so etwas in der Natur oder ist es vielmehr ein Zeichen der Überkommunikation?*

VIII Die Überkommunikation
- oder einfach mal die Klappe halten.

Ein wichtiger Punkt, der im vorigen Kapitel kurz angesprochen wurde und hier nun kurz dargelegt werden soll, ist die Überkommunikation. Ein Phänomen, das es kurz zu beschreiben gilt. Wir zerreden oft alles. Denk alleine mal an das pausenlose Gesabbel nach einer Sportveranstaltung. Da wird noch ewig über dies und das schwadroniert. Wer denkt dabei nicht an Theater? Es ist so, wie es ist. Leb damit! Das ist das, was ich in solchen Momenten denke. Ich kann Sportler, egal aus welcher Sportart, sehr gut verstehen, die keine Lust mehr haben rhetorische Fragen zu beantworten. Da wird allen Ernstes nach einer 0:8 Klatsche noch gefragt, woran es gelegen hat. Die Antwort kann ja nur sein: „An allem!" Es ist oft einfach zu viel Gesuche, zu viel Gerede und vor allem sind es zu viele Schuldzuweisungen. Man selbst macht ja natürlich nie Fehler. Ich möchte an dieser Stelle eines ganz deutlich machen. Mache dir bewusst, dass niemand perfekt ist! Lass konstruktive Kritik zu, damit du etwas daraus lernst. Beschäftige dich nicht mit den Unzulänglichkeiten der anderen, die natürlich alle super sind und alles können! Lerne lieber die richtigen Fragen zu stellen. Aber dazu mehr im nächsten Abschnitt.

In der Natur ist es nicht vorgesehen, den ganzen Tag nur zu reden. Sicherlich, ich weiß, es gibt Aussagen, wie folgende: „Man kann nicht nicht kommunizieren." Da ist ja auch etwas Wahres in einer direkten Situation dran. Ich kann es aber doch steuern und gegebenenfalls vermeiden. Zum Beispiel kann ich zu mir selbst sagen: *„Ich rufe dort jetzt nicht an! Ich schreibe die Nachricht gar nicht. Sowas ist mir keine Antwort wert. Keine Antwort ist immerhin auch eine Antwort."* Wenn man das manchmal beherzigt, hält man vieles von sich ab. Man sollte immer daran denken, dass man selbst mitbestimmen kann, was einen betrifft und was nicht. *Was lasse ich an mich ran, was nicht?* Sicherlich, man kann schlecht weghören. Man kann aber nicht nur, man muss sogar deutlich machen, dass einen bestimmte Dinge nicht interessieren. Der größte Fehler ist es, aus falscher Höflichkeit jeden Mist über sich ergehen zu lassen. Das muss man nicht. Man kann sich dem aktiv entziehen, indem man es direkt anspricht, was einen stört oder man macht es passiv, indem man nicht darauf eingeht. Auch das verstehen in der Regel die meisten Personen, wenn man die Phrasen alla *„Man kann nicht nicht kommunizieren!"* beherzigt, die ja bereits im Deutschunterricht in der Schule propagiert werden. Denken wir jetzt erneut an einige Situationen, die immer wiederkehren. Ich denke da zum Beispiel auch zwangläufig an

49

Talkshows. Dabei ist es jetzt einmal irrelevant, ob damit Prollo-Trash- oder Politshows gemeint sind. Sie haben einiges gemeinsam, nämlich zu viel Gelaber und zu wenige Taten. Es wird eine gefühlte Ewigkeit über dieses und jenes lamentiert und schlussendlich bleibt nicht mehr als noch mehr sinnloses Gelaber. Teilweise grenzt das an Körperverletzung. Mag man sich so etwas ab und zu mal anschauen. Das ist okay, aber in Wirklichkeit bewegt sich dort nichts außer vielleicht ein quotenbegünstigender Eklat, der dann in der Massenpresse ausgeschlachtet werden kann. Aber was bringt dir das alles außer vielleicht seichte Unterhaltung? Ich möchte an dieser Stelle gar nicht werten, auch wenn es dir bestimmt so vorkommen mag. Ich möchte vielmehr verdeutlichen, dass es den Hang gibt, über alles zu reden. Es ist wichtig und wunderbar, dass man reden kann. Man kann Probleme aus der Welt räumen. Man kann und soll auch über alles sprechen können, das bewegt. Wenn es aber nur darum geht, zu erfahren, wer jetzt welche Haarfarbe hat und wie das Kind von Peron XY heißt, steige ich gedanklich aus. Obwohl ich schon leider zunehmend an mir selbst beobachten musste, dass ich unfreiwillig ziemlich viel über angebliche Prominente, die in irgendeinem Studio hausen und dort die wirklich wichtigen Dinge des Lebens besprechen, weiß. Ich kann gerade selbst

50

nicht mehr vor Lachen. Naja, jeder weiß, was ich meine. Ich denke, jenes bedarf keiner weiteren Erklärung. Wir werden nun einmal vollgestopft mit unnützem Wissen. Der einfache Abruf seiner Emails auf einem x-beliebigen Portal, wird ruck zuck zur unfreiwilligen Lehrstunde in Sachen Trash-TV-Wissen von A bis Z. Naja, so ist es nun einmal. Also akzeptieren wir es wohl. Uns zwingt ja auch schließlich keiner diese, zumeist kostenfreien, Dienste zu nutzen. Daher mache ich auch keine Vorwürfe an dieser Stelle, sondern ich möchte nur dazu beitragen, dass man sich mal vor Augen führt, wo und wieviel Informationen auf einen niederregnen. Unfreiwillig und unnütz sowie peinlich bis nervig kommt es oft daher. Das ändert aber alles nichts daran, dass man erkennen muss, was einem persönlich etwas bringen kann und was nicht. In der direkten zwischenmenschlichen Kommunikation können die Zauberworte auch heißen: *„Einfach mal die Klappe halten!"* In anderen Zusammenhängen gerne auch mal: *„Einfach wegschauen!"* Das kann helfen und entlastet. Wichtig ist nur, dass man nicht ignorant wird und ein gesundes Fingerspitzengefühl dafür entwickelt, was relevant ist oder sein kann und was einfach nur unnütz ist. Dasselbe gilt natürlich auch für das genannte Beispiel. Man sollte schon hinhören und ein guter Kommunikationspartner sein, wenn man mit anderen

Menschen spricht. Das sollte die Grundeinstellung sein. Sind ernsthafte Probleme vorhanden, sollten sie auch respektvoll und ernsthaft behandelt werden. Geht es aber nur um Gesabbel, sollte man sich auch mal rausnehmen. Macht man das nicht, wird man zunehmend genervter und hat oftmals einen negativen Transfer zu verbuchen. Man kann auch ganz unfreiwillig aufgehetzt werden oder ähnliches und das sollte nicht sein. So etwas sollte man vermeiden.

Wo findet Überkommunikation denn nun statt? Eigentlich fast überall! *Wie sieht es denn mit dem Mehrwertprinzip aus?* Sehr gut! Man muss nur darauf achten einen positiven Mehrwert zu schaffen. Es ist eben auch die Gefahr, negatives zu übertragen. Es gibt Menschen, die sind leider durchgehend negativ. Sie haben eine pessimistische Grundeinstellung. Sie finden immer einen Ansatz, etwas schlecht zu sehen. Negatives in den Vordergrund zu stellen. In diesem Fall kehrt sich das Mehrwertprinzip natürlich leider um. Höre ich mir den halben Tag lang an, dass das hypothetische Glas halb leer ist, neige ich auch mehr dazu, das zu glauben, es sei denn, ich stelle mir die Frage selbst und gewinne daher eine Erkenntnis, die für mich zählt! Ich sage mir dann: „Lass sie labern!" Und siehe da, es ist nicht mein Problem. Was ich damit sagen will ist, vergiss bitte niemals deine Sicht der Dinge. Lass Überkommunikation nicht zu! Denk daran, was für dich wichtig ist. Erzeuge eine eigene Meinung und handle nach dieser. Wenn du diese Prinzipien verfolgst, ist definitiv ein positiver Mehrwert für dich drin und du machst dich nicht zum Lemming, der auf die Klippen der schlechten Laune auf den Abgrund zu marschiert, um sich in der blinden Folge des Vordermannes in den Tod zu stürzen.

Sei kein Lemming! Laufe deinen Weg! Stürze nicht blind in den Tod, nur weil es dein Vordermann und andere vormachen.

IX Was will man eigentlich selbst und was ist auferlegt?

Sehr interessant zu sehen, ist der ständige Terz nach mehr - mehr hier, mehr da, mehr dort und überhaupt. Hast du dir schon einmal bewusst gemacht, was du eigentlich willst. Wessen Haus, wessen Auto, wessen Boot? Schwachsinn! Naja, lassen wir das einmal bei Seite, du wirst schon wissen, worauf ich hinaus will. Wenn mir jemand erzählt, was er nicht alles so tolles hat, denke ich oft: *„Na und, warum muss ich das haben? Ist ja schön für sie oder ihn.*" Viele Menschen fallen aber leider in die "gelbe Falle", die Neidfalle, und meinen, sie müssten mithalten, übertrumpfen oder zumindest irgendwie darauf eingehen. Ich erinnere mich gerne an diese uralte Werbung für irgendein Kreditinstitut, wo die Fotos von Statussymbolen auf den Tisch geknallt werden und die Leute in ein Wetteifern um mehr Ansehen verfallen. Es ist wirklich lächerlich, aber irgendwie auch symptomatisch für das Thema, auf das ich in diesem Abschnitt hinaus will.

Wichtig ist es, sich seiner eigenen Bedürfnisse bewusst zu werden. Ich kann das nur immer wieder wiederholen. Manchmal liegt es in der Natur der Sache Dinge zu wiederholen und das ist auch gut so, damit es auch wirklich nachhaltig verinnerlicht werden kann. Aber nun genug von meiner Seite. *Hast du ein solches Anspruchsdenken? Willst du bestimmte Dinge und wenn ja, sind sie rein materiell und nur vom Geld abhängig? Oder sind dort auch nicht materielle Dinge, die du gerne haben und erreichen möchtest?* Natürlich würde jetzt jeder sagen, dass er sich ein Haus, Liebe, Gesundheit … wünscht. Das ist ja auch prinzipiell alles goldrichtig. *Wird das nicht aber zu oft nur daher geredet und überhaupt nicht gelebt?* Will jede Schönheitskönigin immer den Weltfrieden? Oder ist es nur der Standardton, den jeder äußert, um zu gefallen? Frag dich das mal selbst! Es gibt so viele Egoisten dort draußen, die herumlaufen und ihre Partner betrügen, belügen oder bestehlen. Soll man diesen Personen Sätze alla Ehrlichkeit, Gesundheit und so weiter abnehmen? Wohl kaum! Man sollte sich vielmehr selbst positionieren. *Was will ich? Was ist mir wichtig?* Der Einklang der Persönlichkeit liegt in dem individuellen Gefühl von Gesamtheit, dem Gefühl etwas richtig zu machen, sich in der Waage zu befinden, Dinge richtig laufen zu lassen. Dazu gehört natürlich auch in den Spiegel schauen zu können, einen klaren Kopf zu haben und sich konzentriert, offen und frei mit Sachverhalten auseinandersetzen zu können. Denkt man darüber im Einzelnen nach, muss man sich verdeutlichen, was man eigentlich erreichen will. Die meisten Menschen streben nach Glück und merken manchmal gar nicht, dass sie schon lange glücklich sein könnten. Ich meine einmal ganz im Ernst. Man muss doch nicht erst sehen, dass es anderen schlecht geht, um sich selbst besser zu fühlen. Diese Unart ist aber leider weit verbreitet und findet bei viel zu vielen Menschen Anwendung. Man findet viele Beispiele im Laufe seines Lebens. Man muss nur einmal genau darüber nachdenken. Das bedarf hier nicht noch mehr Beispiele.

In diesem Zusammenhang möchte ich einen kurzen Exkurs zum "Hamsterrad des Lebens" machen. Man selbst ist der Herr über sein Leben. Ich meine, baue ich ein riesen Haus und stelle sehr hohe Ansprüche, gehe ich auch große Verpflichtungen ein, die ich bedienen muss. Das führt unweigerlich dazu, dass ein großer Druck entsteht. Es sind häufig die Verkettungen, die das Leben schwierig machen, weil man ja schließlich nachziehen möchte, wenn andere beispielsweise ein neues Auto oder ein großes Haus etc. haben. Mache ich mir einmal klar, was das zur Folge hat, ist es oftmals unabwendbar zu spät. Ich komme in ein Hamsterrad, das sich immer schneller dreht und man selbst muss immer schneller laufen. Bleibt man stehen, stürzt man. Läuft man schnell genug, wird man wahrscheinlich irgendwann gesundheitlich ausgebremst. Es kann ja nicht Sinn und Zweck sein, dass man erst einen Herzinfarkt erleiden muss, bevor man geläutert und besonnen an Dinge heran geht. Frage dich mal, wer in der Regel gesundheitliche Probleme bekommt. Häufig trifft es Menschen mit viel Verantwortung, die einen Betrieb leiten. Es sind natürlich auch andere, darum geht es an dieser Stelle aber gerade nicht. Nun sind wir bezüglich der Ursachen wieder an dem Punkt, an dem man sich fragen muss, wie es dazu kommt. Mein Haus, mein Auto, mein Boot - ich denke, mehr muss ich dazu nicht sagen! Der kausale Zusammenhang sollte klar sein. Es sollte sich dir relativ leicht erschließen, dass du diesem aus dem Weg gehen kannst, indem du ein grundlegend anderes Verhalten und eine andere Einstellung an den Tag legst.

Ich möchte an dieser Stelle auch etwas anderes metaphorisch einbringen. Sagen wir, das Leben ist wie ein Marathon. Kontinuierliches Tempo, Fortbewegung, Konstanz, Länge und ein Ziel sind dessen Kennzeichen. Im Gegensatz dazu steht der Sprint, der sich durch eine kurze Strecke, hohes Tempo am Maximum, hohe Anstrengung und enorme Belastung auszeichnet. *Was hört sich nun natürlicher an und wäre wohl die richtige Wahl, um sein Leben in den Einklang zu bringen?* Das Hetzen hinter einem Bus, den ich noch erreichen möchte bevor er abfährt oder die entspannte Parkrunde beim Joggen?

Die Antwort dürfte klar sein. Obwohl wahrscheinlich fast jeder das Richtige benennen würde, würde nur ein Bruchteil auch so leben. Viel zu groß ist die äußere Beeinflussung. Es hat ja auch System. Man braucht das, sonst kann man ja nicht zufrieden sein. Zumindest soll uns das oft weißgemacht werden bzw. bei uns entsteht der Eindruck. Das Ergebnis ist in jedem Fall nicht okay.

Du musst stetig auf dich achten. Das musst du selbst leisten. Es gibt bestimmt auch Unterstützung, aber diese kann nie alles abdecken. Du musst selbst tätig werden. Die Kunst ist es, selbst zu bestimmen, was relevant ist und was nicht. Du kannst kaum verhindern, dass man stetig von äußeren Einflüssen behelligt wird, du kannst aber sehr wohl sortieren. Das ist eine Grundvoraussetzung, um den persönlichen Einklang zu erreichen. Niemand kann ständig zufrieden sein oder sich mit negativen Dingen auseinandersetzen. So etwas zieht dich zwangsweise mit hinunter und sorgt über kurz oder lang für Unzufriedenheit. Schlicht und einfach gesagt ist es ungesund. Das Ziel sollte es mindestens sein, dass sich alles in der Waage befindet. Eigentlich aber natürlich noch etwas mehr, nämlich den positiven Überhang zu erreichen. Damit ist lediglich gemeint, dass das Positive überwiegt. Kommen wir also zu unserer alltagstypischen Glasmetapher zurück. Das Glas ist halbvoll oder halbleer. Es ist vermutlich für die Meisten halbleer. Das sollte es für dich aber niemals sein!

Ein Konflikt sollte auch erstmal beurteilt werden. Zunächst sollte überlegt werden, ob dieser so viel Aufmerksamkeit verdient, dass man sich damit überhaupt auseinandersetzen müsste. Geht mir also eine Person oder eine Sache auf die Nerven, sollte ich erst einmal überlegen, ob ich überhaupt einen Mehrwert erhalte, wenn ich mich darauf einlasse, oder ob es schlichtweg Lebenszeitverschwendung ist. Sicherlich, man kann und sollte auch nicht allem aus dem Weg gehen, nur weil es einem nichts bringt. Manchmal muss man halt handeln. Aber man sollte nicht immer aus einer Mücke einen Elefanten machen! Stattdessen sollte einem bewusst sein, dass man selbst nicht nur reagieren, sondern auch agieren kann. Lassen wir ein Arschloch ein Arschloch sein! Ich kann es ja auch ignorieren und die Person damit strafen, die versucht mich zu nerven. Ich muss mich nicht auf alles und jeden herablassen. Ich sollte mir meines eigenen Wertes bewusst sein und nachdenken, ob die Person oder die Problemstellung überhaupt meine Aufmerksamkeit verdient oder eben nicht. Das ist sehr wichtig, um im Vorfeld Stress zu vermeiden. Wer sich stetig nur mit dem nervigen Kollegen beschäftigt und sich darauf gedanklich einlässt, hat nicht mehr seine vollständige Konzentration und

Aufmerksamkeit bei sich selbst. Dieses führt dann unweigerlich zu Fehlern und schadet einem nur selbst. Das kann nicht Ziel, Sinn und Zweck sein und nützt nur dem Gegenüber. Ich muss also im Vorfeld gut darüber nachdenken, ob es sich lohnt. Sicherlich und davon ist niemand befreit, geht es auch oft ums Prinzip und dieses sollte man natürlich auch gebührend verteidigen. Denn es ist wichtig für die eigene Person, dass man nicht vor Problemen wegläuft. Denn dann kann man nicht befreit in die Zukunft gehen. Jedoch bedenke, dass es manchmal keine Probleme sind, sondern schlichtweg nur einfache Idioten, die man metaphorisch betrachtet mietfrei in seinem eigenen Kopf wohnen lässt, wo sie eigene Kapazitäten belegen. Dieses ist wie gesagt, ich wiederhole mich dort gerne, keine Aufforderung vor Problemen oder Personen wegzulaufen, sondern lediglich der Hinweis zu analysieren, ob sie es überhaupt wert sind, sich mit ihnen zu beschäftigen. Rückblickend stellt man sich nämlich zwangsläufig oft die Frage, warum man sich eigentlich mit dem oder der Sache überhaupt so lange beschäftigt hat. Das ist völlig normal. Diese Erkenntnis hatten wir alle schon mal mehr oder mal weniger. Ziel sollte es sein, dieses möglichst gering zu halten.

Also frage dich hin und wieder in Stress- und

Konfliktsituationen, ob das Geschehene überhaupt deine volle Aufmerksamkeit verdient oder nur unwichtiger Nonsens ist der aufgebauscht wird, wenn du darauf anspringst.

X Selbstreflexion ist der Schlüssel

Wie in den vorigen Kapiteln bereits angesprochen, ist es immer enorm wichtig, sich zu verdeutlichen, dass man selbst auch aktiv werden muss. Es funktioniert nicht, nur zu reagieren und dadurch ein positives Umfeld für sein Leben zu erzeugen. Stetig muss auch selbst die Initiative ergriffen oder eingegriffen werden, ansonsten wird man nur zum Spielball der äußeren Einflüsse. Das kann auf Dauer nicht gut enden, führt zwangsläufig zu Unzufriedenheit und lähmt irgendwann das persönliche Wohlbefinden. Die Kunst ist also, sich nicht ständig zu fügen. Wer sagt denn, dass wenn ich mich füge, das überhaupt rechtens ist. *Ist es wirklich richtig, was der Kollege von mir fordert? Hat er oder sie überhaupt Recht damit? Diene ich möglicherweise nur als Verstärker für eine persönliche Meinung eines anderen?* Wichtig in diesem Zusammenhang ist ein Zugang, der realistisch gewählt wird. Ansonsten ist man lediglich ein Querulant, der nur dagegen ist. Die Herausforderung ist es vielmehr zu sehen, wo es wirklich angebracht ist. Klar, machen wir uns nichts vor, in einem hierarchischen Verhältnis ist es so, dass man viel fressen muss, sonst findet man sich ruck zuck im Abseits wieder. Daher sollte anfangs die Frage gestellt werden, was für ein Typ man selbst ist. Selbstreflexion ist das A und O, um überhaupt erfolgreich sein zu können und sein Leben überwiegend positiv gestalten zu können, ohne sich dauernd etwas schön reden zu müssen. Wer andauernd der Meinung ist, das er vollkommen ist und ständig alle anderen an allem Schuld sind, hat natürlich schlechte Karten und wird nie eine vernünftige Erkenntnis gewinnen. Das ist dann, einfach gesagt, nur ignorant und führt zu nichts. Das hat auch mit Selbstreflektion nichts zu tun. Leider ist das Verhalten einiger Menschen weitverbreitet, ständig die Schuld bei anderen zu suchen und diese möglichst schlecht dastehen zu lassen, um sich selbst besser zu fühlen. Wer so agiert, ist schlichtweg kaputt! Er oder sie versucht nur, sich selbst aufzupolieren und hat keinerlei selbstreflexive Fähigkeiten. Wer diese nicht besitzt, läuft Gefahr ein nicht ernst genommener Dummschwätzer zu werden.

Nehmen wir einmal ein Beispiel aus dem täglichen Leben hinzu. Eine Person, die nicht kritikfähig ist und Kritik mit impulsivem Verhalten beantwortet (ablenken, Fehler anderen zuschreiben etc.), schadet nicht nur sich selbst, sondern ist niemanden in dem Moment eine Hilfe. Das ist kein Weg und ist nur ein Beleg für die Unvollkommenheit dieser Person. Menschen, die versuchen möglichst selbstreflexiv zu sein, suchen konstruktive Kritik. Sie neigen eher dazu nachzufragen, sich Erfahrungswerte anderer zu Nutze zu machen. Sie fragen: *„Wie geht etwas besser?"* Sie bitten förmlich darum, da sie stetig versuchen besser zu werden. Das ist der einzige Weg, wie man eigene Zufriedenheit erreichen kann. Es kann ja nur schön sein, zu merken, dass man sich verbessert und sich nicht versperrt. Leider haben zu viele Menschen ein zu großes Ego und schaffen es nicht, konstruktiv mit Kritik umzugehen. Solche Personen fallen aber oftmals auf. In erster Linie nicht sich selbst, aber es gibt genügend, die das Verhalten durchschauen. Was das jetzt alles mit dem Mehrwertprinzip zu tun hat, ist eigentlich ganz klar. Selbstreflexion hilft mir zu erkennen, was ich verbessern kann. Wenn ich mich selbst ganz unverkrampft optimiere und mich stetig verbessere, werde ich viele Erfolgserlebnisse haben. Das ist doch schön und sollte als Ansporn gelten und anschließend positiv übertragen werden, wie bereits weiter vorne im Buch angesprochen wurde.

Natürlich geht alles bereits angesprochene Hand in Hand, wenn ich an dieser Stelle jetzt sage, dass eine Person, die nicht in der Lage ist vernünftige Selbstreflexion zu betreiben, nervt und keinen Mehrwehrt für einen selbst hat. Es ist dann eher das Gefühl, dass man genervt wird und das löst Unbehagen aus und führt sogar zu einem negativen Übertrag, wenn wir nicht aufpassen. Hier sind wir also wieder an der Stelle, an der ich erneut darauf hinweisen muss, dass es nichts bringt, sich zurückzulehnen und die Dinge einfach nur über sich ergehen zu lassen. Das kann auf Dauer nichts werden und wird einen selbst nur nerven. Also, wie damit umgehen, wenn ich es nicht ändern kann, weil ich den Kollegen zum Beispiel nicht entlassen kann? Die Antwort ist leicht. Du sollst die Person ganz einfach ignorieren. Niemand zwingt dich, jeden ernst nehmen zu müssen. Wir können das immerhin noch selbst entscheiden. Dann sollten wir auch davon Gebrauch machen, wenn wir es müssen und können. Es hilft dir in jedem Fall sehr.

Nun denken wir einmal andersherum. Ganz anders sieht es aus, wenn eine Person eher selbstkritisch veranlagt ist. Diese Person ist eher dazu geneigt, sich selbst in Frage zu stellen und sich mit gemachten Fehlern auch im Nachhinein noch auseinanderzusetzen. Man darf auch das nicht übertreiben. Sich selbst zu zermartern, kann auch kein Weg sein.

Beide geschilderten Wege sind natürlich Extreme. Der ideale Weg ist wohl eine "light Version der Selbstkritik". Man sollte sich fragen: *„Was kann ich optimieren? Hätte das passieren dürfen? Wie kann ich das Abstellen?“* Es kann aber nicht der Sinn sein, sich selbst fertig zu machen und damit seinen Geist zu blockieren. Egal wo, wir wollen ja befreit aufspielen. Es ist aber trotzdem immer wieder erstaunlich, dass die kritikunfähigsten Personen, die am meisten Fehler machen, sich bei einem Erfolg, zu dem sie wohlmöglich kaum etwas beigetragen haben, sich am meisten feiern und vollkommen in der Lage sind, sich selbst zu verblenden. Aber das wird man nie ändern können. Es ist ein durch und durch subjektives Geschäft. Wir können aber lernen, wie man mit solchen speziellen Individuen umgehen kann. Nicht nur kann, sondern sollte. Aber das ist ja schon mehrmals beschrieben worden.

Wer sich selbst richtig einschätzen kann, ist klar im Vorteil. Es ist natürlich bei vielen Menschen ein hindernder Selbstschutz, sich stetig selbst besser darzustellen. Der Faktor Neid spielt diesbezüglich oft eine übergeordnete Rolle, die die Menschen dazu verleitet, andere schlechtzureden, um somit selbst den armseligen Versuch zu wagen, sich besser zu positionieren. Es geschieht eine Ablenkung von den eigenen Fehlern durch die Fehlersuche bei anderen. Das ist eine Unart, auf die man leider immer wieder trifft. An diesem Punkt ist es entscheidend, sofort zu realisieren, worum es eigentlich geht, um sich gedanklich nicht mit solch einem Nonsens beschäftigen zu müssen. So etwas sollte korrigiert werden. Es ist auch extrem wichtig, sich selbst nicht zu schwach darzustellen. Selbstkritik ist gut, ein gesundes Selbstbewusstsein aber auch! Man muss schon realisieren, was man kann und man sollte sich nicht kleiner machen, als man ist, denn das strahlt man auch für die Außenwelt aus. Oftmals hilft es, andere Personen, denen man vertraut, ehrlich zu fragen, was sie von der oder der Aktion halten oder hielten. Man erfährt dadurch viel und gewinnt Erkenntnisse, die einem helfen, seinen Weg positiv zu gehen. Du wirst schon merken, ob es ehrliche Antworten sind. Hör es dir an, reflektiere es für dich und nimm es bei Bedarf an. Eine ehrliche Meinung ist keine Beleidigung, sondern ein Dienst, dem es gebührt, ihn mit Respekt zu behandeln. Es ist auch manchmal nicht leicht für die Person, die zu Rate gezogen wird, denn das Gesagte könnte als Kritik vom Gegenüber beleidigt zurückgewiesen werden. Du wirst selbst schon merken, wie du damit umzugehen hast. Sicherlich ist es auch richtig, sich nicht jeden Mist anzuhören. Aber höre zunächst zu und frage gezielt nach, denn beratungsresistent zu sein, hilft nur selten. Du wirst einen Mehrwert erzielen können. Aber unterscheide zwischen überheblicher Kritik, zum Beispiel von Personen mit Ich-Überschätzung, die nicht in der Lage sind, etwas konstruktiv zu verarbeiten, und Menschen, die es schlichtweg ernst meinen, ohne einen Eigennutzen mit der Kritik zu erzielen.

Der erstgenannte Personenkreis, ich nenne sie mal "die Kaputten", will dich mit Kritik überhäufen, die auch meistens nichts taugt, da sie selbst nichts auf dem Kasten haben. Ganz im Gegenteil, es kann auch zu Manipulationen kommen, die nur darauf abzielen, dich zu verschlechtern, damit Person XY selbst besser dasteht. So etwas ist zwar ziemlich feige und hinterlistig, aber Intrigen sind leider auf der Welt überall vertreten. Der zweitgenannte Personenkreis, ich nenne diese mal ganz platt "die Guten", will sich selbst nicht über dich stellen und sie wollen sich auch nicht selbst aufpolieren.

Du kannst also entscheiden, wie du mit Kritik umgehst. Lerne damit umzugehen. Das geht nicht von heute auf morgen, aber stelle dir schlichtweg die Frage: *„Was hat einen positiven Mehrwert für mich?"* Du wirst schnell merken, dass der richtige Weg ist, sich von authentischen Menschen konstruktiv kritisieren zu lassen hilft. Das es wichtig ist, zu unterscheiden, ob jemand ein Dummschwätzer oder ein Experte ist. Ob jemand einem gut gesonnen ist oder nur sein eigenes Ego aufpolieren will. Du musst analysieren und interpretieren. Selbstreflexives sowie angebrachtes Verhalten ist das Ziel. Wenn du das beherzigst, hast du den Schlüssel zu mehr positivem Mehrwert in der Hand.

XI Entspannung ist das A und O.

Einer der wichtigsten Prozesse zum inneren Einklang ist die Entspannung. Lerne dich selbst kennen und fokussiere dich auf dich und deine Bedürfnisse. Ist man angespannt, ist man nicht wirklich in der Lage etwas richtig zu machen. Selten kommt dann etwas Gutes dabei heraus. Beherzige hierfür zunächst einige Fragen, die du dir selbst stellen solltest. *Was ist für dich Entspannung und wann bist du entspannt?* Jeder kann zwar generell erklären, was er damit meint. Kann sie oder er das aber auch explizit benennen? Damit ist nicht gemeint, sich in nicht-alltägliche Situationen hineinzudenken, wie den Urlaub in einem Club-Hotel an der Costa Brava, wo man jeden Tag ein Buffet vorfindet, nichts zu putzen hat und nur herumhängt. Sicherlich, natürlich ist das Entspannung pur, aber dieses ist nicht alltäglich. Sinn und Zweck kann es schließlich auch nicht sein, über 50 Wochen im Jahr nicht ausreichend entspannt zu sein und dann zu denken, dass einen zwei Wochen in Spanien vollständig und dauerhaft leistungsfähig machen. Das wäre ein Irrglaube, der aber oft gelebt wird. Der Fehler ist hier ein Problem in der Grundannahme des Themas. Idealerweise muss ein Zustand erarbeitet werden, der aussieht, wie eine Wellenbewegung. Belastung sowie Entlastung immer im ausgewogen Wechsel. Nur so kann ich ein gutes Gefühl bekommen und dieses auch dauerhaft konservieren. So steht dem Weg in den Einklang nichts im Wege. Dieses gilt sowohl für physische Belastungen, also körperliche Belastungen, die durch die Arbeit oder Sport oder etwas anderes hervorgerufen werden, als auch für psychische Belastungen, die durch geistige Belastungen erzeugt werden. Das kann Stress im Allgemeinen sein sowie auch Anspannung, Auftragsdruck, Erwartungsdruck oder auch ganz simpel eine Reizüberflutung, die sich zwangsläufig irgendwann bei jedem einstellt. Ja, sie kommt irgendwann bei jedem latent. Es gibt zwar bestimmt viele, die dieses verneinen würden, das wäre aber sehr unreflektiert und falsch.

Im Alltagsleben ist immer wieder der Bedarf nach Entspannung vorhanden. *Betreibst du aktive Entspannung? Gehst du in einen Kurs? Hast du spezielle Techniken oder Rituale?* Wenn du alles mit Nein beantwortest, bist du schon einmal nicht alleine. Die meisten Menschen machen rein gar nichts. Sie dröhnen sich vielleicht an den Wochenenden mit Alkohol zu und nennen das dann "Runterkommen" oder ähnliches. Das kann es aber nicht sein. Gut, eine bessere Antwort wäre Sport oder der Gang in die Sauna. Man darf eines nämlich nicht vergessen, zu viel Alkohol ist keine Entspannung, genauso wie zu viel Sport.

Entspannung ist immer dann, wenn kein Stress stattfindet. Dieser findet aber im Körper statt, wenn ich zu viel Alkohol hineinkippe. Der Körper ist gestresst und muss entgiften. Genauso ist es beim Sport auch. Der Körper muss die vorangegangene Belastung verarbeiten, also ausreichend regenerieren. Dann geht das klar und alles passt. Natürlich kann Sport auch entspannend wirken. Ich möchte als sportliebender Mensch garantiert nicht die Situation herbeiführen, dass sich irgendjemand darin bestätigt sieht, das Sport Mord wäre oder ähnliches. Das ist völliger Bullshit! Die vorige Aussage bezieht sich auf viel bzw. leistungsorientierten Sport. Sport, wenn er im richtigen Ausmaße betrieben wird, kann entspannen, Kraft geben, regenerieren und hilft auch beim Abreagieren. Ich möchte damit lediglich sagen, dass man immer das gesunde Mittelmaß finden muss. Das ist das A und O, wie anfangs in diesem Abschnitt erwähnt. Es muss sich alles die Waage halten. Dann kann man sich entspannen. Man kann nicht nur, man muss!

Viele Menschen verlernen dieses Gefühl leider vollkommen. Sie sind nicht mehr in der Lage zu entspannen oder deuten einen Zustand fälschlicherweise als Entspannung. Nur weil mal ein geringeres Stresslevel vorherrscht, ist das noch lange keine Entspannung. Wenn beispielsweise mein nerviger Kollege heute nicht da ist, ist es nicht gleich eine vollwertige Entspannung. Es ist lediglich entspannter, aber mehr auch nicht. Entspannt zu sein, bedeutet, den ganzen Körper herunterzufahren und sich ganzheitlich zu erholen. Man baut wieder Substanz auf. Das dünner gewordenen Fell wird wieder dicker. Das geschieht nur nicht innerhalb eines Tages. Aber ein Tag ist schon mal ein guter Anfang.

Das Wechselspiel aus Be- und Entlastung ist extrem wichtig. Dafür muss man lernen, einschätzen zu können, was einen überhaupt belastet. Es belasten auch positive Dinge, es gibt ja auch positiven Stress (z.B. ein Sportwettkampf). Man liebt das, was man dort macht, trotzdem wird der Körper durch die ganze Anspannung vor und während des Wettbewerbs gestresst. Das ist auch Belastung. Mach daher bitte nicht den Fehler, nur negatives als Belastung einzustufen. Belastungen - das Wort hört sich zwar irgendwie negativ an, ist es aber nicht. Schließlich sind wir keine Maschinen. Wir müssen aber heutzutage deutlich mehr machen, als es noch vor Jahrtausenden der Fall war. Wir müssen uns arrangieren, arbeiten, ständig kommunizieren und uns ständig mit allem, was in der Welt vorgeht, auseinandersetzen. Das ist natürlich manchmal gar nicht so einfach. Währenddessen der Tag in der Tierwelt auf schlafen, fressen, scheißen und fortpflanzen reduziert werden kann.

An diesem Punkt sollten wir ansetzen und uns einmal Gedanken darüber machen, was denn nun alles wirklich sein muss. Wir werden erkennen, dass vieles einfach nur anerzogen ist, weil wir es nicht anders kennen. Wir sind geprägt durch unser Umfeld, durch die Familie, Freunde etc. Daher stammen wohl auch Sprüche, wie zum Beispiel „Der Apfel fällt nicht weit vom Stamm." oder „Umgang formt.". Ja, niemand kann das wirklich allen Ernstes verneinen. Es ist so, wie es ist! Man kann sich dem aber entziehen, sobald man gelernt hat, eigenständig zu denken und richtig zu hinterfragen. Bin ich dazu in der Lage, kann ich mich selbst aus gewissen Belastungen herausnehmen und das Stresslevel etwas reduzieren. Eine gesunde "Leck-mich-am-Arsch-einstellung" hat noch niemandem geschadet. Man soll ja nicht alles schlucken. Manchen Menschen dort draußen ist aber einfach nicht mehr zu helfen. Wenn man sich nun also von solchen Chaoten belasten lässt, hat man auch selbst schuld. Man muss eben schnell lernen, nicht jeden ernst zu nehmen. Das ist zumindest ein guter Ansatz, aktiv Belastung zu reduzieren.

Ein weiterer, wichtiger Aspekt ist die Zeiteinteilung. Man sollte sich strukturieren. Für niemanden ist es schön, ständig in Hetze zu sein und das Gefühl zu haben, zu spät kommen zu können.

Wir müssen also aktiv, zum Beispiel durch ein gutes Zeitmanagement, dagegen arbeiten. Wenn wir immer genug Zeit haben, sind wir auch schon deutlich entspannter. Dazu gehört es auch, dass man verinnerlichen sollte, dass man nicht alles auf einmal schaffen muss. Man sollte locker bleiben und sich selbst keinen Stress aufbauen, indem man versucht allem krampfhaft gerecht werden zu wollen. In der Ruhe liegt die Kraft! Zeit ist ein unheimlich wichtiger Faktor, dem wir ständig hinterher rennen. Also warum machen wir uns eigentlich den Stress. Frage dich doch mal, ob die Welt untergeht, wenn du nicht dort aufschlägst oder ob es eine Katastrophe gibt, wenn man mal absagen muss. Das hier soll jetzt nicht dazu verleiten, Termine sausen zu lassen! Nein, es geht darum, gar nicht erst zu viele Termine anzunehmen, um sich entspannter durch den Tag bewegen zu können. Kann ich das nicht, beispielsweise aufgrund der Arbeit, sollte ich vielleicht in Betracht ziehen, an meiner Arbeitssituation etwas zu ändern, zum Beispiel durch Weiterbildungen oder einen Arbeitgeberwechsel. Wir pressen uns selbst nur in Formen und müssen diesen dann gerecht werden. Wirklich müssen? Nein! Wir wollen ihnen krampfhaft gerecht werden. Ich muss vielleicht auf die Toilette oder atmen, ich muss aber keine Situation leben, die ich nicht möchte. Ich habe immer eine Wahl! Es ist nur ziemlich einfach, sich zu sagen, man hätte keine Wahl. Das stimmt aber nicht. Der Klassiker für mich ist das riesige Hamsterrad, das man sich selbst aufbaut. Der Fehlglaube man müsse etwas Bestimmtes leisten. Es geht ja schon früh los. Oft wird schon in der Kindheit der Fokus zu sehr auf materielle Dinge gelegt. So kommt es bei den Berufswünschen Heranwachsender doch nur allzu oft vor, das Millionär, Rechtsanwalt, Arzt oder, oder, oder … gesagt wird. Es ist natürlich schön und bemerkenswert, dass ein Mensch eine hohe Bildung favorisiert und möglichst einen akademischen Beruf ergreifen will. Woher kommt das aber? Es ist vermutlich schon von den Eltern frühzeitig hineinprojiziert und vom TV übernommen. Ärzte fahren nun einmal Luxussportwagen, haben schöne Frauen und spielen Golf. Das ist das, was im TV suggeriert und als Klischee in die Kinderzimmer getragen wird. Das führt natürlich dazu, dass ein Viertklässler so etwas äußert. Fragt man dann, warum es diesen Beruf ergreifen will, dann ist die Antwort oft ganz einfältig. So entsteht schon in Kinderzimmern das Hamsterrad, das nachher das ganze Leben bestimmt und ständig selbstauferlegte Abhängigkeiten erzeugt. Nehmen wir doch mal das Kind, dem die erfolgsdurstigen Helikoptereltern von heute einprägen, es sollte doch Arzt werden. Am besten noch drei Sprachen erlernen, dafür gibt es ja schließlich noch Kindermädchen, die am besten eine Fremdsprache sprechen. Die komprimierte Schule mit einem Abitur nach 12 Jahren erledigt den Rest. Dieser Mensch ist so mit Erwartungen vollgestopft und unter Druck. Hinzu kommt noch, wie bereits erwähnt, der materielle Druck (Villa, Sportwagen, dickes Konto etc.). Um das annähernd zu erreichen, muss natürlich geschuftet werden und das braucht natürlich viel Zeit. Um die riesen Hypotheken bedienen zu können, die für eine Protzbude samt Protzauto zuständig sind, entstehen natürlich Verpflichtungen ohne Ende. Es geht also nachher nur noch darum, möglichst genug verdienen zu können und nicht mehr um den Spaß und die damit verbundene Freiheit. Nein, man sitzt in der Falle! Man ist geliefert und strampelt nur noch im Rad. Man muss sich vieles gefallen lassen, sonst kommt die Kohle nicht rein, die man braucht. Man kann sich dem nicht entziehen. Anders sieht das natürlich bei dem Menschen aus, der seine Prioritäten anders setzt und dem es nicht wichtig ist, mehr Materielles als dessen frühere Klassenkameraden zu erreichen oder der nicht krampfhaft versucht, das auferlegte Bild seines Elternhauses zu erfüllen.

Du musst dich lösen von diesen Gedanken. Ich persönlich bevorzuge es einen normalen Mittelklassewagen zu fahren und vielleicht nur einen kleinen Garten zu haben. Dafür habe ich den Luxus Zeit zu haben, um mein Leben mit möglichst wenig Druck leben zu können. Es ist für mich schlichtweg nicht wichtig, auf irgendeinem Klassentreffen "Mein Haus, mein Auto, mein Boot" spielen zu können. Ich bin ehrlich, ich lache über solche Leute! Die tun mir wirklich nur leid. Du solltest dich auch vielmehr auf dich konzentrieren, was du benötigst und möchtest. *Möchtest du Zeit oder Geld? Was ist dir wichtiger?*

Festzustellen ist oft, dass gerade die Menschen, die nur auf die Karriere geprägt sind, oft zwar viel Geld haben, aber auch keine Zeit haben, dieses zu nutzen. Außer ein prolliger Sonntagsausflug, bei dem krampfhaft der Luxusschlitten ausgeführt wird, ist oftmals nicht mehr vorhanden. Toll, das ist meiner Meinung nach auf ganzer Linie nicht erstrebenswert. Es kann mir auch niemand wirklich glaubhaft machen, dass sie oder er damit glücklich ist. Das gesunde Mittelmaß ist wohl das, was am besten wäre. Was ist das aber überhaupt? Man hört es ja immer wieder in diversen Zusammenhängen. Fakt ist, man muss es für sich selbst festlegen. Es ist sehr stark subjektiv geprägt und kann nicht einfach von einer Person auf eine andere übertragen werden. Aber wenn wir ehrlich sind, dann kann das nur jeder für sich selbst entscheiden. Es sollte von den eigenen Bedürfnissen abgeleitet werden, denn es gibt nun einmal kein Patentrezept. Man kann sein Leben nicht backen wie einen Kuchen. Das liegt schon alleine daran, dass jeder Mensch unterschiedlich ist. Das ist auch gut so! Sonst wäre es doch ziemlich langweilig und würde sich auch nicht verteilen. Es wäre schon schlecht, wenn alle Menschen gleichzeitig in denselben Sportkurs oder zum gleichen Konzert rennen. Aber ich denke, das sollte jedem klar sein. Ich will daher gar nicht anfangen, hier einen Stufenplan aufzustellen, wie man seinen Einklang erreichen kann. Es ist vielmehr die Gesamtheit an Erkenntnissen, die jeden auf den Weg dorthin bringen kann.

Genauso verhält es sich mit der Entspannung. Jeder hat eine andere Grundvoraussetzung. Für den einen ist Action entspannend, während es für den anderen der pure Horror wäre. Nehmen wir zum Beispiel den einsamen Büroangestellten, der täglich literweise Kaffee in sich hineinschüttet und kaum Ansprache sowie Bewegung an seinem Arbeitsplatz hat. Das schlaucht extrem. Für sie oder ihn ist es vielleicht der Ausgleich schlechthin, sich nach dem Feierabend sportlich zu betätigen. Währenddessen wäre das für den Straßenbauer, der täglich auf der Autobahn schwer schuftet, der blanke Horror. Letzterer sollte wohlmöglich einen anderen Ausgleich finden, um sich zu entspannen. Wichtig ist es auf seine Bedürfnisse zu hören. Man muss sich die Zeit nehmen und sich selbst kennenlernen, um zu wissen, was man braucht.

Sich selbst besser kennenzulernen funktioniert relativ simpel. Ich empfehle dafür, dass du erst einmal alles ausschaltest, was dich ablenken kann. Leg dein Handy weg! Es schadet nicht, sein Handy in den Flugzeugmodus zu schalten und einfach mal abwesend zu sein. Bedenke immer, dass man früher auch nicht immer erreichbar war. Denk einmal an die 1990er Jahre zurück. Warst du da ständig erreichbar? Wohl kaum in dem Ausmaß, wie es heute der Fall ist. Man muss sich vielmehr verdeutlichen, dass es nichts bringt, ständig für alle da zu sein. Man selbst kommt dabei zu kurz. Und um ganz ehrlich zu sein, schaue mal in dein Handy und werte für dich die Relevanz der Nachrichten aus. Um was geht es dort meistens? Es ist doch in Wirklichkeit oft Nonsens. Aber auch, wenn es beruflicher Natur ist, scheiß drauf! Ich sage es so drastisch, weil es nun einmal so ist. Man muss sich rausziehen. Der Mensch ist heutzutage soweit von seinem naturellen Ursprung entfernt, dass er schon Unruhe empfinden kann, wenn er mal nicht erreichbar ist. Es ist ja schon schlimm, wenn man den schlechten Witz aus einer Gruppe oder den neuesten Newsletter eines x-beliebigen Kaufhauses nicht bekommt. Es grenzt ja direkt an einen Weltuntergang. So ein Bullshit! Hinterfrage das mal für dich und denke darauf etwas herum! *Was ist dir wichtiger? Der neuste Stuss oder ein entspanntes Gefühl und Leistungsfähigkeit, wenn du sie brauchst?* Die Antwort sollte klar sein. Auch andere Menschen haben mehr von dir, wenn du entspannter bist. Das überträgt sich positiv auf sie. Du hast gleich eine bessere Aura. Schenk ein Lächeln und du bekommst eines zurück! Dafür muss man natürlich in der Lage sein zu lächeln. Dafür benötigst du innere Ausgeglichenheit - der Einklang. Nur dann hast du einen Mehrwert für dich. Das muss allerdings erlernt werden. Es wird nicht von heute auf morgen klappen, aber es wird klappen, wenn du konsequent etwas dafür unternimmst. Sei dir aber bewusst, dass es Entspannung pur in 5 Minuten nicht gibt. Du kannst aber viel erreichen, wenn du an dir arbeitest und immer wieder reflektierst. Das sollte aber nicht passieren, wenn du entspannen möchtest! Dann solltest du den Kopf von allem frei machen und dich nur dem widmen, was dich erdet und herunterholt. Mache einmal alleine einen Waldspaziergang, lasse dein Handy mal zuhause und sprich zu dir selbst. Eine Runde Jogging kann auch helfen. Lass dabei mal den MP3-Player aus dem Ohr und denke laut nach. Meine Vorschläge hören sich vielleicht im ersten Moment für dich komisch an, aber es hilft, sich selbst besser kennenzulernen. Der moderne

Mensch macht viel zu sehr den Fehler, sich über andere zu definieren. Das hilft dir aber in diesem Fall nicht. Auch wenn es nicht gleich klappen sollte, dann sieh es als einen Anfang an, der dich irgendwann zum Ziel führen wird. Wenn du allerdings von Anfang an denkst, das ist dir zu lächerlich, kann ich dir auch nicht helfen. Man muss sich schon darauf einlassen, sonst ändert man nichts. Vorbehalte bringen einen dabei nicht weiter. Daher empfehle ich dir auch, es alleine anzugehen. Nur so kann man ohne Ablenkungen und ohne das Gefühl haben zu müssen, man müsse auf irgendetwas achten, sich selbst entdecken und erfahren, was man wirklich braucht. Natürlich kann auch die Art und Weise zu entspannen variieren. Genauso verschieden, wie die Belastungen und die Menschen sind, genauso verschieden ist die Art und Weise, wie man entspannen kann. Für den einen ist es Sport, für den anderen eine gute TV-Serie und ein Glas Wein. Das weißt nur du selbst am besten. Der Mehrwert kommt von ganz alleine, sobald du weißt, was du brauchst und du dir die Zeit nimmst, dieses auch umzusetzen. Die Zeit, die du dir dafür nimmst, muss aber ausreichend sein! Sechs Tage Belastung und einen Tag Entspannung reicht nicht! Entspannung kann man nicht abhaken. Man muss sie leben und zelebrieren. Lerne dich also selbst zu feiern, während du entspannst. Das hilft wirklich. Du darfst nur nicht dabei verkrampfen. Auf Kommando zu entspannen, erfordert viel Übung. Verzweifle also nicht daran, wenn es nicht gleich auf Anhieb klappt. Sieh lieber die kleinen Erfolge, die du schon geschafft hast. Fang also klein an. Alleine die Tatsache, dass du darüber aktiv nachdenkst, ist schon ein Erfolg. Setz dich bloß nicht unter Druck. Mach es einfach!

XII Einfach mal "Scheiß drauf"

Oft gesagt, selten umgesetzt. Das eine ist das, was man denkt, das andere ist das, was man macht. Aber mal ehrlich. Wäre es nicht in manch einer Situation viel einfacher, man würde einfach mal sprichwörtlich auf "alles scheißen" und das machen, was für einen das Beste ist? Natürlich ist das möglich. Es muss sogar gemacht werden, da man ansonsten mental verknotet. Es gibt zwei Extreme an Menschen, die man immer wieder trifft. Den einen, der nie reflektiert nachdenkt, einfach drauf los bollert und mit jeglicher Konsequenz sagt, was er denkt. Das andere Extrem ist der Mensch, der sich ständig über alles einen Kopf macht. *Was denken andere über mich? Was wird morgen? Wie ist dieses und jenes bei meinem Gegenüber angekommen?* Natürlich ist es wichtig, ein reflektierter Mensch zu sein. Nichts ist schlimmer als ein Mensch, der sich für vollkommen hält, Kritik ablehnt und immer alles besser weiß. Noch besser ist der Typ, der heuchelt kritikfähig zu sein und dann alles von sich weist. Aber denken wir darüber gar nicht länger nach. Es ist ja schließlich nicht so, dass wir uns damit längerfristig aufhalten müssen.

Denken wir nunmehr an uns selbst. *Steigern wir uns selbst zu oft in unsere Gedanken hinein? Denken wir zu oft über*

Banalitäten nach? Man sollte sich vor Augen halten, dass man seinen eigenen Wert hat. Man muss sich nicht permanent Gedanken darüber machen, was andere von einem denken. Man sollte stets sich selbst treu sein. Es wird immer Menschen geben, die einen schätzen und welche, die einen nicht mögen. Letzteres oftmals aus eigener Unzulänglichkeit heraus. Wir lernen am meisten aus uns selbst, zumindest wenn wir dazu in der Lage sind. Das sollten wir natürlich sein, sonst ist es eher schlecht.

Scheiß drauf! Fang an dieser Stelle doch schon damit an. Frage dich doch einfach mal, ob sich etwas für dich ändert, wenn du an die Probleme anderer denkst? Das Gelaber von Nonsens einer x-beliebigen Person oder ganz andere Dinge. Es gibt so viel im alltäglichen Leben, wo es angebracht ist, einfach mal drauf zu "scheißen". Sei einmal ehrlich zu dir selbst. *Wie oft denkst du daran, einfach mal auf etwas zu scheißen?* Es kommt, wenn du bewusst daran denkst, mehrere Male am Tag vor. Nur reflektieren wir es wohl weniger. Das mag daran liegen, dass es sich unserer bewussten Wahrnehmung entzieht. Wir benötigen in der Regel immer eine Fragestellung, sonst können wir uns keinem Thema widmen. Das sollte natürlich des Öfteren passieren. Daher plädiere ich immer dafür, zu sagen, dass man die richtigen Fragen stellen muss, damit man weiter kommt. Es ist aber vollkommen normal, dass der alltagsvollgestopfte Mensch damit erst einmal Probleme hat, da er gar nicht an so etwas denkt. Vielmehr geht es darum, Strategien zu erlernen, um sich den Alltag leichter zu machen. Dazu ist es nötig, auch einmal Fünfe gerade sein zu lassen und sich zu sagen: „Was soll's?" Das kann befreien und macht einen nicht kaputt.

An einem alltäglichen Beispiel möchte ich dir verdeutlichen, was ich meine. Nehmen wir einmal an, ich bin für ein Haussitting zuständig, während der Besitzer des Hauses, beispielsweise meine Mutter, im Urlaub ist. Es ist Winter und ich fahre bei Glatteis dort regelmäßig vorbei, gucke nach dem Rechten, gieße ihre Pflanzen und leere auch den Briefkasten. Beim Briefkastenausleeren entdecke ich eine kleine Tüte, die einige Schlüssel enthält. Ich nehme die Schlüssel mithinein und lege sie zu der Post. Ist ja auch logisch, ich weiß ja nicht wofür die Schlüssel sind und denke mir weiterhin, dass es nicht gut sein kann, wenn ich diese in einem leicht zu öffnenden Plastikbriefkasten lasse. Eigentlich alles ganz einfach. Es spielt bisher noch keine Relevanz für mich. Nun wird aber, wie aus heiterem Himmel, diese Situation doch noch stressig, wenn ich nicht entsprechend reagiere. Es dauert nicht lange, da klingelt mein Telefon. Eine Freundin meiner Mutter ist am anderen

Ende des Hörers und erzählt mir aufgelöst, dass die Schlüssel weg sind. Sie sollte diese aus dem Briefkasten nehmen und zu dem Lebensgefährten meiner Mutter fahren, um dort ein paar Dinge im Haushalt zu erledigen. Sie hat Stress, den sie sich selbst macht und überträgt diesen natürlich auf mich, da sie vollkommen aufgelöst ist, als wäre gerade etwas sehr, sehr Schlimmes passiert. Letzten Endes fragt mich die besagte Freundin allen Ernstes, ob ich den Schlüssel jetzt sofort bringen könnte. Wenn ich für eine solche Situation empfänglich wäre, würde ich mir den Stress aneignen, selbst Stress empfinden und selbstverständlich sofort losschlittern, um den Schlüssel abzuliefern. Aber Stopp, nun einmal kurz auf Anfang! Stellen wir die richtigen Fragen, muss ich das gar nicht, ohne dabei ignorant und egoistisch zu sein.

Ist es mein Problem? Nein, ich wusste ja nichts davon.

Habe ich es böse gemeint? Nein, ich meinte es nur gut.

Geht die Welt jetzt unter? Nein, sicherlich nicht!

Was tat ich also, ich habe sprichwörtlich drauf geschissen. Es war mir aus den genannten Gründen egal. Ich hatte ja nichts Schlimmes verbrochen. Genauso hätte auch die besagte Freundin meiner Mutter reagieren können. Sie hätte sich damit abfinden können, dass der Schlüssel nicht da ist. So hätte sie sich selbst keinen Druck und auch keinen Stress gemacht.

Ich möchte an dieser Stelle lediglich sagen, dass man viele Dinge einfach liegen lassen kann und sich erst die Frage stellen sollte, ob es überhaupt das eigene Problem ist. *Hat man denn wirklich Lust, sich Probleme anderer anzueignen?* Das passiert überall. Jeder der mit anderen Menschen zu tun hat, wird zwangsläufig mit solchen Situationen konfrontiert. Das Beispiel ist plakativ, hat sich aber so zugetragen und ist daher nicht überspitzt. Ich habe also selbst die Wahl, ob ich Stress haben möchte oder es für mich abhandle und mein Leben einfach weiterlebe. Genau das solltest du auch des Öfteren machen. Es gibt eben manchmal Dinge, die so banal sind, dass es gar keinen Stress geben muss. Gar lächerlich erscheint es oft. Wir neigen aber dazu, da auch Emotionen im Spiel sind, uns immer wieder hinreißen zu lassen. Im Nachhinein ist jeder schlauer. Die Situation aber im Vorfeld zu blicken, ist die wahre Kunst.

Überleg also genau, wie du reagierst. Nimm dir ruhig kurz die Zeit. Niemand muss etwas! Wir müssen zwar atmen, essen und scheißen, aber nicht gleich antworten! Nimm dir kurz Zeit, stelle dir ein paar Fragen und handle dann. So kannst du bei einer Nachfrage richtig antworten. Handelst du überhastet, kommt oftmals nur Mist dabei heraus. Hätte ich zum Beispiel jetzt gesagt: „Nee, hab kein Bock darauf", wäre ich wahrscheinlich sogar noch der Dumme gewesen. Es hätte dann gehießen, ich möchte aus Faulheit nicht, ich würde ja so egoistisch handeln, andere wären mir ja egal usw. Das brauche ich mir aber nicht vorzuwerfen, denn ich konnte begründet sagen, dass ich es nur gut gemeint habe. Dafür kann man Verständnis aufbringen.

Aus meinem Beispiel sollst du nun natürlich nicht schließen, dass du immer alles so auslegen musst, dass du ständig eine Erklärung für dein Handeln parat hast. Das ist ein Beispiel aus einem familiären Zusammenhang. Dort ist es schon wichtig, dass man den beteiligten Personen auch einen Grund an die Hand gibt. Es ist auch vollkommen okay, mal auf etwas komplett zu scheißen. Einfach mal darüber nachzudenken, was einem vielleicht wichtig ist. Nämlich vielleicht gerade alles außer dem Stuss, der einem dort gerade entgegenschlägt. Beispiele finden wir dafür genug. Es ist aber unheimlich wichtig, sich selbst vor solch einem Stress zu schützen. Will ich das also nicht hören, steht es mir ja frei zu gehen. Man sollte sich diesen Freiheiten bewusst sein, man kann dann besser und freier handeln. Das alles zu verinnerlichen, ist natürlich eine kleine Herausforderung, aber es macht auch Spaß für seine Meinungen einzustehen.

Du solltest also auch einfach mal auf etwas scheißen, wenn es dich stört, dir nicht immer alles zu Herzen nehmen und dir damit den Alltag erschweren oder gar versauen. Du kannst Menschen und gewisse Situationen, die sie mitbringen, nicht ändern. Was du aber tun kannst, ist dein Verhalten gegenüber diesen Menschen ändern. Also lass sie auch mal labern und ihren Film fahren, ohne dich in alles einzubinden. Einfach mal abblocken! Das hilft ungemein und schafft wieder einen Mehrwert. In diesem Sinne "Scheiß drauf"!

XIII Die innere Ruhe hat einen bestimmten Ort.

Jeder hat einen Ort, der ihn erdet. Wirklich jeder hat so einen Ort. Nur weiß das vielleicht nicht jeder. Für die einen ist es in einer sehr bekannten US-amerikanischen Serie, in der es um viele botanische Tatsachen geht, die Stadt Pittsburgh, für den anderen ist es ein kleines Dorf in den Appalachen. Für mich ist es Stockholm. Ich fühle mich dort extrem wohl. Die Mentalität der Menschen, die Architektur, überhaupt alles löst in mir ein Gefühl von Geborgenheit aus, wie ich es gar nicht richtig beschreiben kann. Ich fühle mich dort einfach sauwohl, um es kurz zu sagen. Für manch anderen ist es vielleicht ein bestimmtes Stadion oder die heimische Garage. Das ist ganz individuell. Es macht aber Sinn seinen Ort zu finden, um dort gezielt Kraft tanken zu können oder sein Leben dort gänzlich hinzuverlagern. Das muss jeder selbst entscheiden. Wichtig ist es sich zu verdeutlichen, dass das persönliche Wohlbefinden an viele Dinge gekoppelt ist. Manche Menschen fühlen sich so unwohl an einem bestimmten Ort, dass sie ihrem persönlichen Einklang permanent auf Lebenszeit hinterherjagen können und sie trotzdem keinen Mehrwert für sich erzielen können. Wer das merkt, sollte etwas ändern. Man sollte aber nichts überstürzen!

In der Ruhe liegt die Kraft. Aber nun einmal etwas mehr zu diesem bestimmten Ort. Stell dir zunächst einmal die Fragen: *„Wo fühle ich mich wohl? Wo ist die Vorfreude am größten? Welcher Ort löst diese Gefühle überhaupt bei mir aus?"* Ich bin mir sicher, dass du solch einen Ort schon einmal in deinem Leben besucht hast. Dafür gibt es kein Patentrezept. Es sollte aber viele Eindrücke geben, die dich positiv beeinflussen. Spaß und Wohlbefinden gehen hier Hand in Hand und bedingen einander.

Wenn dir keiner einfällt, drehe die Frage einfach einmal um und siehe dir einen Ort an, an dem Negatives überwiegt. Das ist vielleicht nicht dein Ort der inneren Ruhe, aber ein Anfang um Erkenntnisse zu erhalten und gezielt nach deinem Wohlfühlort zu suchen. Geborgenheit ist hier das Schlagwort. Diese ist aber nicht nur auf die eignen vier Wände beschränkt. Es bezieht sich darauf, wo man sich wirklich wohl fühlt. Das Ausschlussprinzip, dass ich genannt habe, soll dir nur helfen, auch alles realisieren zu können. Der moderne Mensch neigt durch die Beeinflussung der Konsumgesellschaft oder durch Möchtegern-TV-Shows immer mehr dazu, zu viel zu wollen und sich selten mit etwas zufrieden zu geben. Das habe ich bereits zu Beginn dieses Buches beschrieben und möchte es jetzt ungern wiederholen. Darum geht es aber im Kern gar nicht. Es geht vielmehr darum, dass man mit der richtigen Technik, einer anderen Art zu denken, bereits Großes leisten kann, wenn man sich der Situation bewusst wird, in der man lebt. Die Frage sollte also lauten *„Was habe ich?"* und nicht *„Was fehlt mir?"*. Es ist eigentlich das Gleiche, wie bei dem Wasserglas. Dazu aber an dieser Stelle genug. Kommen wir zurück zum Thema.

In der Natur ist es eigentlich nicht anders. Stellt ein Tier fest, dass es irgendwo besser ist, geht es dort hin. Am besten lässt sich dieses Verhalten wohl an Katzen verdeutlichen. Finden sie das Futter bei einer Familie drei Straßen weiter besser, ziehen sie auch gerne einmal um. Mag der Hund seinen Schlafplatz nicht, lamentiert er darüber nicht, sondern wechselt diesen einfach. Nur der Mensch, vollgepackt mit seinen Verpflichtungen, macht das nicht. Doch sind das immer alles wirkliche Verpflichtungen? Denk zurück an die Tatsache, dass wir lediglich essen, scheißen und atmen müssten. Es heißt hier bewusst "müssten" und nicht "müssen". Denn wir müssen selbstverständlich noch etwas mehr, aber bei langem nicht alles! Dieses "alles" ist der entscheidende Punkt! Behalte diese Tatsache bitte im Hinterkopf.

Versuche gar nicht erst dir einzureden, wo dein Ort der inneren Ruhe ist. Er ist es oder er ist es nicht. Es geht mir dabei persönlich auch nicht anders. Es gibt eben einen Ort, an dem ich den Boden küssen könnte und eben andere Orte, an denen ich eher im wahrsten Sinne des Wortes "kotzen" könnte. Wo ich geboren bin, ist das eine, wo ich sterbe ist das andere. Ich möchte dir damit sagen, dass wir Dinge aktiv ändern können. Man muss sich nicht fügen. Das muss man nur, wenn man sich in Abhängigkeiten befindet, die man sich aber vorher mühevoll selbst konstruiert! Niemand bekommt von mir Mitleid, dass sie oder er so viel schuften muss, um eine Hypothek und zwei Autofinanzierungen bedienen zu können oder die Kosten für Angestellte übernehmen muss. Das ist selbstgemachtes Leid und der Preis dafür. Dann muss ich eben kleiner bleiben, bleibe dafür aber flexibler. Viele suhlen sich eben gerne in der Opferrolle, dabei haben sie sich selbst an den Pranger gebracht. Man muss selbst wissen, wie man leben will und wo man hin will. Man darf nur nicht vergessen, dass vieles auch vieles nach sich ziehen kann. Und schon sind sie wieder da, die bösen Verpflichtungen, die uns finanziell beuteln und uns bestimmen. Das Hamsterrad ist allgegenwärtig und hindert uns daran zu denken, was wirklich wichtig ist und das ist Liebe, Gesundheit, Familie, Freizeit und vor allem der Spaß am Leben.

Der vollgestopfte Alltag versperrt uns leider oft den Blick fürs Wesentliche. Damit haben wir natürlich auch nur beschränkte

Möglichkeiten, uns damit auseinanderzusetzen, wo wir uns gerne aufhalten und wohlfühlen. Empfindet ein Mensch keine Ruhe und kann nicht entspannen, ist es der falsche Ort für ihn. Ein Mensch, der so von innerer Unruhe zerfressen ist, dass er keine 30 Minuten irgendwo sein kann, ohne damit zu beginnen, nervös Ersatzhandlungen zu beginnen, sollte schnellstens darüber nachdenken, wo er am liebsten ist und wo er am liebsten sein würde. Solch ein Verhalten ist nicht normal und zeugt von extremer innerer Unruhe. Man muss in solch einem Fall erst neu lernen, zur Ruhe zu kommen. Am besten beginnt man damit, dass man versucht zu rekonstruieren, wann dieses Verhalten angefangen hat. Kann man diese Frage damit beantworten, dass man schon immer so gehandelt hat, kann es daran liegen, dass man es gar nicht anders kennt. Man hat dieses Verhalten dann erworben und verinnerlicht. Quasi handelt es sich um eine Gewohnheit, ein konventionalisiertes Fehlverhalten. Man sollte in jedem Fall etwas ändern. Ein rastloser Mensch kann dauerhaft keine volle Leistung entfalten. Er ist gehemmt durch sich selbst und wird oftmals leider wirr, aggressiv oder kraftlos. Das kann variieren. Fakt ist aber, dass es ganz plump gesagt, einfach gesundheitsschädigend ist und auf Dauer unweigerlich dazu führt, dass man erkranken kann.

Es kann nicht nur ein Ort sein, sondern auch eine spezielle

Handlung, die einen dazu bringt, abzuschalten. Trotzdem muss ein Mensch in der Lage sein, sich an einem bestimmten Ort entspannen zu können. Dieses muss auch geschehen können, ohne das es ständig einer Ersatzhandlung bedarf. Es ist die Kombination aus aktiver Entspannung, beispielsweise bei einer Handlung, bei der man den Kopf frei kriegt, und einer passiven Entspannung, bei der man nahezu inaktiv ist. Am besten gelingt dieses, wenn man sich innerlich in Balance befindet. Das schafft du am besten am Ort deiner inneren Ruhe gepaart mit der passenden Technik, die dich entspannen lässt.

Finde also deinen Wohlfühlort und für dich die richtigen Entspannungstechniken, um dadurch mehr Balance und somit innere Ruhe zu erlangen.

XIV Auch mal Nein sagen.

Nein zu sagen, muss gelernt sein. Es gibt sehr viele Menschen, die davor zurückschrecken. Aber es ist wichtig Nein zu sagen, damit man nicht alles über sich ergehen lässt. Viele Menschen denken fälschlicherweise, dass ein Ja immer besser angebracht ist. Das ist anerzogen und kommt oftmals einfach nur von dem Bedürfnis gemocht zu werden. Wer aber darauf verzichtet und sich freimacht von dem Gedanken, ständig allen alles recht machen zu wollen oder zu müssen, lebt auf Dauer entspannter. Ähnlich verhält es sich mit der ungefragten Rechtfertigung. Man muss das nicht immer machen. Ein klares Nein zeigt Charakterstärke und steigert somit den eigenen Wert - den Selbstwert.

Wer allerdings Probleme damit hat, kann sich auch einer sehr hilfreichen Strategie bedienen. Du kannst demjenigen, der dich anspricht, auch entgegnen, dass du etwas ungern machst. Der Fragende bekommt ein klares Signal, das du nicht willst, ohne dass du ein hartes Nein entgegnen musst. Es stellt in diesem Moment eine Hürde für den anderen da, einen erneut zu bitten. Das macht es unwahrscheinlicher, noch einmal gefragt zu werden. Diese Strategie sollte man gerade bei Menschen anwenden, die man sehr schätzt und respektiert. Etwas

Unangenehmes gekonnt zu umschiffen, muss nicht als plumpe Ausflucht gesehen werden, sondern kann auch eine Form der Höflichkeit sein.

Passiert das Ganze allerdings nicht, ist man selbst in der besseren Ausgangsposition. Macht man etwas doch, weiß die andere Seite, dass man wahrscheinlich keine Einhundertprozent gibt, sondern nur ein mäßiges Ergebnis abliefert. Man ist also zumindest freier in seinem Handeln und kann auch etwas mit Ansage unter Wert machen. In diesem Fall darf sich auch niemand beschweren, schließlich wollte man ja eigentlich nicht und wurde dazu gedrängt. In jedem Fall ist es eine gute Strategie, um sich unliebsamen Situationen zu entziehen.

Ein klares Nein sollte aber immer drin sein. Du musst dich fragen, was du eigentlich willst. Sicherlich gibt es auch mal Situationen, wo du über deinen Schatten springen solltest. Ich möchte hier auch nicht sagen, man solle zum Nein-Sager werden. Das würde mir völlig fern liegen. Es gibt aber manchmal einfach Dinge, über die man sich im Nachhinein nur ärgert, wenn man sie macht. Die Liste ist lang und ich kann und will auch nicht im Ansatz vorschreiben, was normal ist und was nicht. Ich möchte aber zu bedenken geben, dass es solche Situationen gibt, in denen wir einfach nicht wollen und es einem nicht hilft, sich dann zu zwingen, zum Beispiel um jemandem gefallen zu wollen oder weil man will, dass einen alle mögen. Man sollte sich im Vorfeld von solchen Gedanken völlig frei machen, dann kann man wahrscheinlich am besten für sich entdecken, was einem behagt und was eben nicht. Auf dieser Grundlage kann man dann handeln. Es gibt natürlich nichts Unbefriedigenderes, als etwas machen zu müssen, was man nicht will. Das passiert aber leider häufig, wenn man nicht konsequent sagt, was einem nicht zuspricht. Alles andere führt auch auf Dauer dazu, dass man leicht auszunutzen ist und immer mehr solche Situationen entstehen. Ein weiterer Klassiker wäre es, wenn eine Person permanent etwas macht für einen anderen, die andere Person jedoch nichts oder nur kaum etwas zurückgibt. So entstehen ungesunde Beziehungen, die sich nicht wechselseitig bedienen. Einer zieht den Kürzeren und macht dem anderen alles recht. Das ist natürlich falsch und führt unweigerlich dazu, dass ein Ungleichgewicht entsteht. Ich will damit nicht sagen, das man alles aufrechnen muss, ich meine damit vielmehr den Extremfall in Form der kontinuierlichen Einseitigkeit. Stell dir diesbezüglich einfach eine Einbahnstraße vor.

Ein Nein, ist deshalb so wichtig, da man ansonsten im Umkehrschluss schnell zum Ja-Sager verkommen kann. Ein Ja-

Sager ist eigentlich ganz genau betrachtet eine "Eigenemeinungsschlampe". Eine Person, die sich ziemlich billig macht und sich des eigenen Selbstwertes beraubt. Jetzt muss man selbstverständlich unterscheiden, was höflich ist und was schlicht und ergreifend Selbstaufgabe ist. Ich denke, jeder sollte an dieser Stelle wissen, was gemeint ist. Ich möchte es daher jetzt nicht ins Unermessliche ausführen.

In jedem Fall muss über solch ein Thema viel nachgedacht werden. Was möchtest du eigentlich erzielen? Wir sind jetzt wieder an dem Punkt des Themas angelangt, an dem ich daran erinnern möchte, sich dich richtigen Fragen zu stellen. Dieses hilft in der Regel fast immer weiter. *Warum mache ich das? Mache ich es, weil ich Spaß daran habe? Schulde ich jemandem einen Gefallen?* Beantworte diese Fragen erst einmal für dich!

Du kannst und solltest viele Fragen stellen. Nach einiger Zeit hast du eine sehr gute Übung in diesen Dingen und benötigst kaum noch Zeit zum Nachdenken, weil du dich selbst immer besser kennenlernst, sofern du dir den Raum dazu gibst. Das heißt, dass du nicht nur reagierst, sondern du lernst auch, deine Reaktionen mit der Zeit richtig zu dosieren. Du wirst dann wissen, woran du Spaß hast oder was dich im Umkehrschluss einfach nur ankotzt. Du wirst mit der Zeit ein Feingefühl dafür entwickeln und eine gesunde Routine an den Tag legen. Ein Nein, muss genauso leicht gesagt werden können, wie ein Ja. Auch wenn es nicht gerade immer auf Gegenliebe stößt, musst du es trotzdem machen. Wenn du das verinnerlicht hast, bist du auf einem guten Weg. Schließlich ist es dämlich, wenn man zum Beispiel etwas macht, auf das man keine Lust hat und man sich aufgrund dessen unter Wert verkauft. Das sind doch Erfahrungen, auf die man gerne verzichten mag. Ich kann darauf in jedem Fall sehr gerne verzichten und ich denke du auch. Naja, sind wir ehrlich, darauf kann jeder gut und gerne verzichten. Es ist doch schließlich viel schöner, wenn man morgens in den Spiegel schauen kann und nicht denkt, was war das schon wieder für ein Scheiß! Wozu habe ich mich da schon wieder breitschlagen lassen? Solche Ergebnisse sollten vermieden werden.

An was denkst du, wenn ich den Begriff „Ja-Sager" ins Spiel bringe? Wie würdest du solch eine Person charakterisieren? Nimm dir an dieser Stelle mal ein paar Minuten und denke mal darüber nach. Wahrscheinlich wirst du viele negative Attribute implizieren. Das könnte zum Beispiel so etwas sein wie "leicht zu haben" oder "meinungslos". Es kann aber auch vielleicht ein "Lappen" ohne eigene Meinung sein. Du merkst schon, worauf ich hinaus will. Man muss auch mal klare Kante zeigen, um ernst genommen zu werden. Es nützt nichts, zum Beispiel jeden Scheiß mitzumachen, nur weil man irgendwo dabei sein will. Das ist der falsche Weg. Außerdem kann man nicht immer einen Konsens finden. Tja, so ist es nun mal. Sei lieber für dich gerade, dann musst du dich auch nicht verstellen. Man kann eben nicht allen gefallen. Das war schon immer so und wird auch immer so bleiben.

Um für dich einen Mehrwert zu erzielen, ist es wichtig, dir zu vergegenwärtigen, dass du nicht zu allem Ja sagst und dir selbst treu bist. Mir ist durchaus bewusst, dass es viele Menschen dort draußen gibt, die sich sagen: *„Weiß ich, ist doch klar oder warum schreibt er das jetzt?"* Weil eben ist so! Ich brauche mich nicht rechtfertigen und das solltest du auch nicht ständig machen. Deiner Profilbildung hilft es in jedem Fall sehr viel, nicht für alles sofort parat zu stehen. Mache es sofort und schnell, wenn du es gerne machst. Magst du es nicht, dann lass es häufiger sein. Wäge ab, ob es einen Mehrwert hat oder nicht. *Dient es vielleicht einer größeren Sache? Ist es die Arbeit, die unliebsamer Weise gemacht werden muss, weil ich sonst kein Ergebnis bekomme?* Selbstverständlich muss ich als Schüler meine Hausaufgaben machen, auch wenn ich es beschissen finde, denn es dient einer größeren Sache - dem Schul-abschluss. Das sollte an dieser Stelle aber nur ein Mini-Exkurs und wirklich nur ein kurzes, banales Beispiel sein. Dein Mehrwert erzielst du darüber, dass du dein Profil besser bildest, wenn du auch Ecken und Kanten hast. Das bringt dich weiter. Man weiß eben dann auch, wo man dran ist und was von dir zu erwarten ist oder eben auch nicht. Wichtig ist ein freundlicher und respektvoller Rahmen.

Bedenke, jeder, der ständig nur alles bejaht, wird vielleicht augenscheinlich von allen gemocht, früher oder später aber nicht mehr für voll genommen, da es eines Tages zu Überschneidungen kommt und man sich selbst widerspricht. Außerdem ist es sinnvoll nicht zu leicht zu haben zu sein. Das steigert die Chancen in Verhandlungen und macht einen wertvoller. Die Art und Weise der Absagenerteilung ist dabei wichtig.

XV Sei klar, lenke dich nicht ab.

Ein Punkt, der bisher schon des Öfteren in den verschiedensten Bereichen benannt wurde, ist die Ablenkung. Natürlich lenkt unnützes Wissen und Geschwätz ab. Es ist auch kein Geheimnis, dass etwas, das von außen ungefragt an einen herangetragen wird, stört. Diese Störung führt letzten Endes dazu, dass man von anderen Dingen abgelenkt wird. Schon haben wir den Salat!

Eine gute Strategie, sich diesem Problem zu nähern, ist natürlich einiges direkt umzusetzen, was in den vorigen Abschnitten bereits dargelegt wurde. Sage ich auch mal Nein, und lasse mich auf keine Diskussion ein, schaffe ich es, mich dem zu entziehen und beuge damit vor. Ich kann nun fokussierter auf das sein, was mir wichtig ist. Das muss das Ziel sein. Sicherlich geht es nicht immer, ich kann aber zumindest steuernd eingreifen und aktiv vieles von mir fernhalten, bevor es mich passiv zu sehr in Beschlag nimmt. Was meine ich damit genau? Das ist eigentlich ziemlich einfach und lässt sich an einem kurzen Beispiel ganz gut verdeutlichen.

Ruft mich eine Person an und fragt mich nach etwas, dass ich nicht will und versucht mich zu überreden, kann es sein, dass ich aufgrund dieser ganzen Aktion mein eigenes Ziel aus den Augen verliere und plötzlich in Zeitdruck gerate, weil ich meinen Termin nicht mehr mit der entspannten Vorlaufzeit antreten kann, die ich dafür vorgesehen hatte. Das Ergebnis ist, dass mich eine Person mit Nonsens beehrt hat und ich daher abgehetzt im Auto sitze und völlig genervt und latent gestresst meinen Termin antrete. In Folge dessen bin ich nicht auf der Höhe und verhaue auch noch den Kundentermin. *Was habe ich nun davon gehabt?* Es ist natürlich jetzt etwas plakativ dargestellt, soll aber nur kurz verdeutlichen, was es für Auswirkungen haben kann. Dessen sollten wir uns bewusst sein. Der Stress, den wir empfinden, ist oft eine Sammlung mehrerer, kleinerer Dinge, die als Folge aus solchen Gegebenheiten entstehen können. Wenn du selbst mal in dich gehst, werden dir bestimmt noch viele, weitere Beispiele in den Sinn kommen.

Du sollst klar sein. Das hört sich einfacher an, als es ist, aber es ist möglich, diesen Zustand zu erreichen und ihn zu verinnerlichen. So gelange ich dann auch wieder zu einem Mehrwertgewinn für mich, indem ich stressige Alltagssituationen vermeide. Bewusst sollte einem natürlich sein, dass es in der heutigen Welt eine große Selbstdisziplin erfordert, dieses auch durchzuziehen. Denn machen wir uns nichts vor. Wir sind ständig erreichbar. Sind wir es einmal nicht, dann müssen wir uns häufig die Frage anhören, warum wir nicht ans Telefon gegangen sind. Waren das noch Zeiten, als es nur Festnetznummern gab und dieser Stress gar nicht aufkommen konnte. Ich denke an die Zeit, als Kinder noch nicht in den Schulen saßen und die Lehrkraft mit einem sog. "Handytablett" zum Einsammeln der Mobiltelefone umhergehen musste, wie eine Messehostesse mit einem Probenteller! Du wirst vielleicht lachen, aber so etwas passiert wirklich an deutschen Schulen. Aber gut, lassen wir das jetzt einfach mal so stehen. Natürlich hat das auch alles Vorteile, beispielweise können wir jederzeit kommunizieren, was besonders in Notfällen wichtig ist. Die Herausforderung liegt einfach darin, die positiven Aspekte zu nutzen und die negativen Aspekte gezielt zu meiden. Nutzen wir also, dass man selbst in der Lage ist, jederzeit sprechen zu können, gleichzeitig sondieren wir aber aus und wenden das an, was bisher schon so oft dargelegt wurde. Stellen wir hierzu mal wieder ein paar Fragen. *Was habe ich davon? Ist es lebensnotwendig?* Fragen zu stellen, sollte kein Problem darstellen. Es gibt genug. Wichtig ist, dass man für sich eine Linie findet, von der man nicht abweicht, wie ein Schiedsrichter, der für sich sagt, das bestrafe ich so. Komme was dort wolle! Punkt aus! Fährt man eine Linie, ist man auch für andere berechenbarer. Das bedeutet dann zum Beispiel, dass Person-XY einen gar nicht mehr mit etwas störendem behelligt, das diese Person lernt, dass man keine Lust darauf hat. Wenn wir an diesem Punkt angekommen sind, ist das doch schon ein riesiger Mehrwertgewinn und wir haben wieder einen großen Schritt in die richtige Richtung gemacht.

Wir müssen uns die Menschen in unserem Umfeld ein wenig erziehen. Du kannst sicherlich auch von dir sagen, dass du eine bestimmte Person vielleicht eher fragst, ob sie dir helfen kann, da du weißt, dass die eine Person eben eher ja sagt, als die andere. Das ist so und lässt sich nicht von der Hand weisen. Wir denken nur nicht oft bewusst darüber nach, obwohl wir genauso handeln. Ein sehr gerne genommenes Beispiel ist der Umzug im Freundeskreis. Ich habe mittlerweile die Ansicht, dass es sich nicht lohnt zu fragen. Denn sind wir einmal ehrlich, die Kosten sind kaum billiger. Es muss ein Transporter geliehen, Essen und Getränke gekauft werden und dann wird ohne Versicherungsschutz laienhaft ans Werk gegangen. Am besten geht noch etwas kaputt, für das man selbst haften muss. Dann ist der Tag perfekt! Die Fragen, die du dir also stellen musst, sind: *„Ist es eigentlich alles meine Idee gewesen? Will ich umziehen?"* Ich vertrete zum Beispiel die Meinung, dass es sich nicht lohnt. Soll doch ein darauf spezialisiertes Unternehmen anfahren, bei dem dann auch ein Versicherungsschutz besteht. Somit klaue ich niemandem die Zeit und normalerweise sind die Möbelpacker auch noch schneller. Ich habe kein Verständnis dafür, wenn Menschen sich Hilfe von anderen holen, aber am nächsten Tag losrennen und sich von dem eingesparten Geld ein neues Auto bestellen. Jeder muss selbst entscheiden, wie er etwas sieht. Ich möchte damit nur sagen, wie ich Stress minimieren kann. Bestelle ich keine Menschen aus meinem Umfeld ein, gerate ich auch nicht in ein unbewusstes Gefühl von Rückzahlung. Das nimmt mir Stress von den Schultern. Wenn du an diesen Punkt gelangt bist, dann bist du klar. Du weißt, was du willst und was du eben nicht willst! Mache ich natürlich etwas gerne, habe ich einen Mehrwert und der heißt "Spaß". Dann nur zu!

Der Begriff "Klarheit" umfasst also eigentlich nur den Zustand, den man hat, wenn man weiß, was man will und danach handelt, ohne sich in die Pflicht nehmen zu lassen. Habe ich diesen Zustand erst einmal erreicht, schaffe ich es auch Stress und unliebsame Angelegenheiten auf ein Minimum zu reduzieren. Das ist natürlich die Grundvoraussetzung, um seine innere Ruhe zu erreichen und um Herr seines Lebens zu sein. Denke an dieser Stelle mal wieder an die Tierwelt und frage dich, wie ein Hund handeln würde. Die Antwort gebe ich jetzt mal nicht vor, sondern überlasse sie vollkommen deiner Phantasie. Du kannst dich aber in vielen Lagen deines Lebens dieser Strategie bedienen und dir vorstellen, wie es in der Natur ablaufen könnte, von der wir so entfremdet leben. Wir müssen also fokussiert auf unsere inneren Bedürfnisse sein und müssen den alltäglichen Mist aussortieren und lernen auszublenden. Schaffe das und du bist der Klarheit sehr nahe!

Ein wichtiger Aspekt, den ich auch noch an dieser Stelle einbringen möchte, ist die Tatsache, dass Alkohol keine Klarheit schafft. Es ist ein Trugschluss zu denken, dass man durch Alkoholverzehr etwas lösen kann oder sich Klarheit verschaffen kann. Das ist schlicht und ergreifend falsch! Man blendet höchstens für die Zeit, in der der Alkohol wirkt, den Gedanken aus. Außerdem ist man im Nachhinein auch noch weiterhin damit beschäftigt, weil die Auswirkungen des Konsums überwiegen, sofern man deutlich zu viel konsumiert hat. Ich möchte damit an dieser Stelle lediglich anbringen, dass Alkohol nicht hilfreich ist seinen Einklang zu erreichen. Es ist wie mit einer Wunde am Arm, denn bei einem betäubten Schmerz ist die Wunde noch lange nicht abgeheilt. Genauso ist es auch beim Alkohol. Das Symptom ist nicht behoben, sondern lediglich überdeckt. An dieser Stelle möchte ich nur dem Irrglauben entgegenwirken, dass Alkohol Probleme lösen könnte. Es ist nicht wahr! Natürlich spricht nichts gegen einen verantwortungsvollen Alkoholkonsum, denn schließlich macht es auch einfach mal Spaß. Ich möchte hier kein Moralapostel sein. Nur kann es niemals ein Weg sein, sich selbst zu finden oder sich selbst neu zu justieren. Das muss klar und aus Überzeugung bei klarem Bewusstsein geschehen.

XVI Pflichtbewusstsein

- oder ein selbstauferlegter Zwang

Pflichtbewusstsein ist sehr wichtig. Man sollte seine Verpflichtungen bedienen und diesen bestmöglich gerecht werden. Das soll zu Beginn einmal klar gesagt werden. Alles andere wäre mies und schlichtweg dumm.

Allerdings muss man sich im Vorfeld genau überlegen, welche und wie viele Verpflichtungen man sich an den Hals holt. Lease ich ein teures Auto, statt mir einen guten Gebrauchten zu kaufen, habe ich eine Verpflichtung, die bedient werden muss. Das führt in der kausalen Verkettung unweigerlich dazu, dass ich mehr Geld aufbringen muss. Muss ich mehr Geld aufbringen, muss ich mehr arbeiten oder eine bessere Arbeitsstelle bekleiden. Habe ich das nicht, geht es mit dem Abwärtstrend los.

Verpflichtungen bauen Druck auf. Dieses geschieht oftmals nicht auf den ersten Blick. Wenn wir uns aber die Folgen, die daraus resultieren, einmal anschauen, wird es uns relativ schnell deutlich. Diese Verpflichtung ist dann selbstauferlegt. Man sollte differenzieren, was wirklich gut ist und was nicht.

Bringt es etwas, sich um viele Dinge einen Kopf zu machen, oder können wir durch gezielte Lebensplanung das Drucklevel niedrig halten? Ja, klar können wir das. Rhetorischer kann eine Frage schon gar nicht mehr sein. Die Antwort steht ja schon mit passendem Beispiel oben. Aber es gibt auch Verpflichtungen, die einem zwar finanziell nichts bringen, aber trotzdem gemacht werden sollten. So ist zum Beispiel ein Ehrenamt etwas Wunderbares. Würde es keiner machen, würden viele Dinge, die die Allgemeinheit betreffen. einfach aussterben. Das muss und darf natürlich nicht sein! Es bringt aber nichts, zu viel gleichzeitig zu bekleiden. Man muss auf sich selbst aufpassen und sich selbst die Chance geben, in Ruhe leben zu können. Das bedeutet für dich, dass du auf dich aufpassen und Entscheidungen wohl dosiert treffen solltest. Schafft man das Selbstauferlegte nicht, ist auch niemandem damit geholfen. Ein Ehrenamt kann erfüllend sein und Spaß machen. Daher befürworte ich solche Tätigkeiten in jeglicher Form, da ein Ehrenamt auch sehr viel Abwechslung und Bestätigung in einem freiwilligen Umfeld ermöglicht. Aber das ist nur eine persönliche Meinung hier am Rande. In diesem Abschnitt geht es primär darum, dass du dir vor Augen führst, dass es gute und weniger gute Verpflichtungen gibt. Meistens erlegst du dir diese unwissentlich selbst auf.

Das Beispiel mit dem Auto ist da sehr griffig. Stelle an diesem Punkt wieder ein paar Fragen. Diese könnten zum Beispiel lauten: *„Komme ich jetzt schneller zur Arbeit?"* Beantworte diese Frage realistisch und nicht aus dem Bauch heraus. Denke wirklich darüber nach. *„Reichen nicht 200 statt 400 PS? Kannst du sie überhaupt ausfahren?"* Sei ehrlich! Wahrscheinlich wird die Antwort genauso ausfallen, wie ich vermute. Natürlich kommst du damit nicht schneller zur Arbeit. Es passen auch kaum mehr Einkäufe hinein. Aber du hast sicherlich weniger Druck bei der Bezahlung, wenn du auf einen soliden Gebrauchtwagen setzt. Daher musst du im Umkehrschluss weniger verdienen oder hast mehr übrig für andere schöne Sachen. Aber spinnen wir an dieser Stelle einmal den Aspekt mit der Mehrarbeit weiter. Gleichzeitig musst du auch weniger Arbeiten oder bist nicht permanent gezwungen, jedem in den Arsch kriechen zu müssen, um ja die Beförderung zu kriegen, die du brauchst, da dir die Bank im Nacken hängt, da der Wagen bezahlt werden will, die Folgehypothek bald vereinbart werden muss usw. Das führt dann natürlich zu Stress und Druck. Das Stichwort ist mal wieder das Hamsterrad. Die Größe bestimmt man selbst. Daher kann eine Pflicht leicht zum Zwang werden, der das ganze Leben bestimmt. Schon bin ich nicht mehr Herr meiner Lage. Ich muss Leuten in den Arsch kriechen, obwohl ich ihnen mal die Meinung geigen will. Der Klassiker, um daran krank zu werden. Vorsicht ist hier geboten!

Den Umfang des Pflichtbewusstseins bestimmt man ebenfalls selbst. Dieses geschieht alleine dadurch, dass ich selbst in erster Linie nachdenke, was ich mir auferlege. Ich muss im Vorfeld natürlich daran denken, dass Pflichten erfüllt werden müssen und sollen. Das ist auch enorm wichtig. Ein Leben ohne Verpflichtungen geht nicht, würde nicht funktionieren und ist auch schlichtweg utopisch. Pflichten sind keineswegs etwas Negatives. Dieses möchte ich an dieser Stelle vehement klarstellen. Vielmehr können sie beides sein. Es kommt darauf an, was ich daraus mache. Wie sehr ich darüber nachdenke. Natürlich ist es eine Verpflichtung, sich einen Hund anzuschaffen, ein Auto zu kaufen, eine Familie zu gründen usw. Es ist aber auch wunderschön, wenn alles wohl dosiert und frei erwählt passiert und nicht zwangsauferlegt ist. Hingegen sind Verpflichtungen, die auferlegt werden, unbedingt zu hinterfragen. Es sollte in einem solchen Fall unmittelbar ein innerer Diskurs darüber stattfinden, ob man diese nun wirklich bedienen möchte oder nicht. Ansonsten ist es auch gleich ganz klar wieder eine Ablenkung und noch vieles andere mehr, was bereits angesprochen wurde. Wir entscheiden also selbst, wie wir damit umgehen, wie groß wir etwas werden lassen oder ob wir komplett ablehnen. Wichtig ist nur, gehe ich bewusst eine Verpflichtung ein, sollte ich ihr auch gerecht werden. Dieses ist sehr wichtig, da es ansonsten statt der Bereicherung, die sie bringen soll, nur Stress gibt, der uns wieder nervt und blockiert. Das ist selbstverständlich kontraproduktiv und sollte vermieden werden. Schafft man es also seine Verpflichtungen zu managen und gut zu sortieren, erhält man automatisch einen Mehrwert, der einen dem eigenen Einklang wieder ein Stück näher bringt.

XVII Der physische Faktor
- im Körper steckt ganz viel.

Bisher wurden lediglich innere Faktoren behandelt, beispielsweise wie du in gewissen Situationen reagieren oder mit gewissen Dingen umgehen kannst.

Ein wichtiger Faktor, den man schnell vergisst, bleibt aber der körperliche (physische) Faktor. Jeder kennt Weisheiten, wie zum Beispiel: *„Nur in einem gesunden Körper, lebt ein gesunder Geist."* Es geht mir hier aber gar nicht um Begrifflichkeiten, wie "krank" oder "gesund". Da sollen sich Ärzte mit beschäftigen. Vielmehr geht es darum, dass ich veranschaulichen möchte, dass der Körper sehr viel mit dem inneren Wohlbefinden zu tun hat. Nehmen wir einmal einen verkaterten Menschen. Er ist genervt, gereizt und schwerfällig. Das liegt natürlich an der vorangegangen Vergiftung des Körpers. Diese sorgt für einen heftigen Wasserverlust und Mineralabbau, was wiederrum dazu führt, das man nicht auf der Höhe ist. Das führt letztlich zu einem Scheißgefühl! Stehe ich also neben den Dingen, weil mein Körper nicht will, leiste ich auch sehr wenig, was natürlich Unzufriedenheit hervorruft.

Mir ist an dieser Stelle wichtig zu verdeutlichen, dass alles Folgen hat. Nehme ich einmal ein anderes Beispiel und sage, man hat einen verspannten Nacken, so kann sich dieses auf das Gleichgewicht auswirken, Schwindel, Kopfschmerzen und Schlafstörungen hervorrufen. Dann ist es klar und liegt in der Natur der Sache, dass man neben sich steht und nicht klar sein kann. In diesem Fall ist natürlich kaum ein Einklang möglich, der sich aus der Klarheit ergibt, die wir stetig versuchen sollten zu erzielen.

Wenn wir jetzt aber das Gegenteil in Betracht ziehen und davon ausgehen, dass der Körper sich in tipptoppen Konditionen befindet, sind solche Störfaktoren natürlich auch nicht zugegen. Das sorgt für weniger Stress, da natürlich Begleiterscheinungen, wie Schlafstörungen, Schmerzen oder Unwohlsein, auf alles andere auch Auswirkungen haben kann. Das gilt es zu vermeiden, wenn man einhundertprozentig bei der Sache sein will.

Ist man fit, sind auch automatisch die Ergebnisse des Alltags besser und man kann Dinge kinderleicht erledigen, statt sich zu allem zwingen und das Gefühl haben zu müssen, man hat immer irgendeinen Berg zu besteigen. Man ist halt in vielerlei Hinsicht selbst dafür zuständig, wie schwer man es sich selbst macht. Man kann es eben auch oftmals leichter haben, indem man ideale Voraussetzungen dafür schafft.

Aktivität ist ein wichtiger Bestandteil des Alltags. Wer aktiv ist und sich viel bewegt, viel an der frischen Luft ist und sich selbst viel außer Haus vornimmt, wird schnell feststellen, dass es eine regelrechte Wohltat ist. Das kann wiederum bei vielen Dingen, die auf den Körper wirken, von Vorteil sein. Laste ich meinen Körper positiv aus, so kann ich auch auf Grundlage dessen in einen gesunden Schlafrhythmus finden. Es ist sehr wichtig, geregelt und lange genug zu schlafen, denn in der Nacht verarbeitet der Körper erlebtes und regeneriert sich von Belastungen. Lasse ich dieses außer Acht, muss ich mich nicht wundern, wenn ich zunehmend an Vitalität verliere und irgendwann nicht mehr leistungsfähig genug bin. Persönliches Wohlbefinden setzt sich natürlich immer aus mehreren Komponenten zusammen und ist nicht nur auf eine Sache zu reduzieren. Dessen sollte man sich bewusst sein! Es reicht nicht, nur auf seinen Schlaf zu achten oder nur auf Alkohol weitestgehend zu verzichten. Die Summe all dieser Teilaspekte eines gesunden Lebensstils macht die Sache komplett. Es ist also sehr wichtig, sich dessen bewusst zu sein. Die Mischung macht es und diese muss ausgewogen sein. Wenn du das beherzigst, läuft es rund.

Sport ist ebenfalls ein wichtiger Faktor und wird oftmals gar nicht erwähnt, da meistens davon ausgegangen wird, dass man sich von etwas erholen muss. Die Wenigsten denken dabei an

Sport. Es ist jedoch kein Widerspruch. Man muss aktiv regenerieren, den Kopf frei kriegen und einen Ausgleich schaffen. Das passiert nicht, indem man beginnt, nach der Arbeit durch Inaktivität zu glänzen. Dieser Ansatz wäre falsch, auch wenn es natürlich sehr verlockend ist, die Beine hochzulegen und nichts zu machen. Es ist, nicht nur aus physiologischer Sicht, sehr wichtig seinen Körper zu aktivieren. Nur wer aktiv ist, kann viel erreichen. Einseitige Belastungen im Job können ebenso ausgeglichen werden, in der Folge kommt es dann zu weniger gesundheitlichen Beschwerden und Spätfolgen. Das ist, ganz ohne Frage, ein Mehrwertgewinn! Sport wirkt sich aber auch auf viele andere Bereiche positiv aus. Da wären die Verdauung, die allgemeine Fitness, ein stärkeres Immunsystem und, und, und. Ganz zu schweigen davon, dass man auch besser aussieht. Das ist ein purer Gewinn für dich - definitiv!

Von daher ist es unheimlich wichtig, sich mit dem physischen Faktor auseinanderzusetzen. Du solltest dir unbedingt die Zeit nehmen und Sport treiben. Ist dieses nicht möglich, sollte man zumindest dafür sorgen, dass man an der Luft ist und sich bewegt. Ein ausgiebiger Spaziergang mit einer schönen Unterhaltung, zum Beispiel über die Dinge des Alltags, ist doch besser als vor dem TV zu sitzen. Es muss nicht immer das

Sofa sein. Manchmal ist das natürlich unumgänglich, das ist auch klar. Allerdings sollte sich alles in der Waage befinden und nichts sollte Überhang bekommen. Das testest du am besten für dich selbst aus. Du wirst es schon merken, wenn du den optimalen Weg für dich gefunden hast, soviel ist sicher.

Ich halte nicht viel von irgendwelchen Plänen, die von anderen Menschen blind übernommen werden. Bedenke immer, dass ein anderer Mensch auch ein ganz anderes Leben führt. Daher sollten Pläne und Tipps lediglich einen Anhaltspunkt geben, aber nicht einfach übernommen werden. Das bezieht sich auf sehr vieles, nicht nur auf Sport oder eine gute Relaxation. Bedenke dieses Prinzip in vielerlei Hinsicht, wie zum Beispiel auch die stumpfe Übernahme eines Aktienportfolios. Du solltest dir immer deine eigenen Gedanken machen und selbst in dich hineinhören. Dazu verfahre nach der Devise: *„Versuch macht klug!"*. Probiere dich einfach aus! Du wirst schon sehen, was dir gut tut und was nicht.

Ein weiterer wichtiger Faktor ist die richtige Ernährung. Eine ausgewogene und gesunde Ernährungsweise verhilft uns auch zu einem guten Allgemeinzustand, wodurch viele Risiken minimiert werden. Eine gesunde und gute Verdauung ist das A und O, um sich fit sowie vital zu fühlen. Der Körper braucht diverse Vitamine, Mineralien und Eiweiße usw. Dieses steht auch gleich im direkten Zusammenhang mit dem Wohlbefinden und der Widerstandsfähigkeit des ganzen Organismus. Natürlich ist die Ernährung auch mitverantwortlich für die Entspannung und Regenration des Körpers. Ein gut versorgter Organismus ist schneller wieder belastbar und hält auch länger Belastungen stand. Ich möchte jetzt nicht, wie in jeder Apothekenzeitschrift üblich, jede gängige Aufzählung wiederholen. Ich möchte aber sehr gerne an dieser Stelle darauf hinweisen, dass es sehr viele Faktoren gibt, die zu einem ausgeglichenen Körpergefühl beitragen. Es ist durchaus mehr, als nur der Gang auf das Sofa, mit dem man sich erholen kann, wie fälschlicherweise oft geglaubt wird. Ganz im Gegenteil! Es ist sehr komplex und lässt sich nicht nur auf eine Maßnahme reduzieren. Das wirst du aber schnell merken, sobald du dich mit dem Thema auseinandersetzt und versuchst etwas zu ändern. Ein Versuch ist dafür aber eigentlich das falsche Wort. Mach es einfach! Du wirst in jedem Fall einen Mehrwert erzielen und damit ein ganzes Stück weiterkommen. Es wird dir auch mehr Aufwind geben, andere Dinge, wie beispielsweise Verhaltensmuster, zu ändern. Das Selbstbewusstsein wächst von alleine. Du wirst feststellen, das Erfolge kommen und du dich nicht nur besser fühlst, wenn du dich bewusst ernährst, dich bewegst und Sport treibst, sondern auch allgemein ein positiver Übertrag auf so ziemlich alles stattfindet. Du wirst vitaler, agiler, widerstandsfähiger, entschlussfreudiger und selbstbewusster. Das hilft natürlich in allen Lebenslagen und macht einfach Lust auf mehr. Siehe zunächst die kleinen Erfolge und übertreib es nicht. Du kannst viel erreichen, aber auch das braucht Zeit. Überfordere dich nicht und lass es nachhaltig auf dich zukommen. Beginn mit etwas Bewegung und achte mehr auf deine Ernährung. Schraube die Aktivitäten langsam hoch und überfordere dich nicht. Betrachte nur dich und orientiere dich an dir selbst. Versunsichere dich nicht mit dem falschen Blick über den Tellerrand. Damit meine ich, dass du dich sehen musst und deine Erfolge, auch wenn sie noch so klein sind, feierst.

Schnell kann man sich die Lust und den Spaß nehmen, indem man lediglich dahin schaut, was andere schaffen. Das solltest du nicht tun! Habe dich selbst im Blick und stelle eigene Erfolge nicht durch die der anderen in Frage, sondern ganz im Gegenteil sage dir selbst: *„Das kann ich auch schaffen!"* Das ist der richtige Weg. Wenn du das verinnerlicht hast, bist du in der Lage, einen positiven Transfer zu erzeugen. Dann schaffst du einen Mehrwert für dich und bist ein ganzes Stück weiter. Du bist dann näher an deinem Einklang, dem Gefühl, zu wissen, dass es richtig läuft und du dich einfach nur gut fühlst.

XVIII Denk auch mal quer!

Meistens ist man ja von Natur aus in gewissen Mustern gefangen und ist dazu geneigt, ständig in gewissen Bahnen zu denken. Daher handeln wir in der Regel auch immer gleich. Diese Tatsache sorgt letzten Endes dafür, dass wir auch ein stückweit berechenbar sind. Denken wir also nun einmal kurz über die Berechenbarkeit nach, fällt uns auf, dass wir uns ihr selbst oft bedienen. Das fängt im Alltag an. *Wann frage ich meinen Chef nach Urlaub? Mache ich das, wenn er wütend ist oder wenn gut drauf ist?* Naja, die Antwort sollten wir alle kennen. Es ist eine logische Folgerung, die auf Erfahrungen fußt. Von daher können wir sagen, alles ist irgendwie berechenbar. Wir sollten das aber gar nicht immer sein! Es ist schon eine gute Sache, wenn wir nicht immer zu leicht einzuschätzen sind. Wir können das selbst mitgestalten, indem wir es einfach nicht sind. Das fängt schon damit an, dass wir selbst mal etwas querdenken sollten. Nur so können wir auch einen anderen Zugang zu Gegebenheiten erzeugen und eher ans Ziel kommen. Ein Spieler, der immer nur rechts an seinen Gegenspielern vorbeizieht, wird dieses irgendwann nicht mehr können, da er ausgebremst wird. Es ist ja bekannt, wo er lang läuft. Genauso ist es auch in allen anderen Bereichen. Wenn du durchschaubar bist, dann sind andere Menschen in deinem Umfeld dazu geneigt, ungefragt Entscheidungen an sich zu ziehen. Das sollte natürlich nicht sein, allerdings geschieht so etwas leider ziemlich oft. Möchte ich aber selbst ernst genommen werden, sollte ich auch eine kleine Herausforderung sein. Nur so kann ich nicht manipuliert oder benutzt werden. Es geht also auch um Selbstschutz. Also solltest du darauf achten, nicht berechenbar zu sein.

Aber das hört sich alles so negativ an, kommen wir lieber mal zu den Möglichkeiten, die durch Querdenken entstehen können. Neue Wege bieten neue Möglichkeiten. Wenn ich etwas ändere kann ich neue Erfahrungen machen und dadurch natürlich auch neue Möglichkeiten erzeugen. Um das vorige Beispiel einmal aufzugreifen, geht der Spieler sowohl rechts, als auch links vorbei, ist er schwerer einzuschätzen. Dadurch erhöht er zwangsläufig seine Chancen zum Ziel zu kommen. Das gleiche lässt sich selbstverständlich auch auf andere Teile des Lebens übertragen. Weiß der Gegenspieler nicht was passiert, ist das Folgende relativ schwer für ihn einzuschätzen. Ganz einfach kann es auch mathematisch ausgedrückt werden. Die Chancen steigen auf der Seite des Angreifers, um den Teil die sie bei dem Verteidiger abnimmt. Also bedeutet das, weniger einschätzbar zu sein, ist ein Trumpf!

Das kann ich auch auf ein normales Gespräch übertragen. Nehmen wir einmal das Thema mit dem Ja und Nein sagen wieder einmal als Beispiel. Eine Person, die auch gerne verneint, wird nicht leicht einzuschätzen sein. Das bedeutet gleichzeitig, dass eine Person, die fragt, sich mehr Mühe geben muss. Das Ergebnis wird also zwangsläufig besser für denjenigen ausfallen, der auch gerne Nein sagt. Als Beispiel können wir einen Autoverkauf nehmen. Weiß ich, dass der Käufer sowieso Ja sagt, mache ich als Verkäufer kein gutes Angebot, um meinen persönlichen Profit zu steigern. Daraus resultiert, dass der Käufer keinen guten Handel macht. Ist dem Verkäufer dagegen nicht klar, dass man auch kauft, ist er mehr gefordert und wird wahrscheinlich mehr in die eigene Tasche greifen müssen, um ein besseres Angebot zu schaffen, sofern er verkaufen will. Das führt dann dazu, dass der Käufer einen besseren Handel macht.

Nun ist es egal, um was für eine Beziehung oder ähnliches es sich handelt. Es geht vielmehr darum, den Mechanismus zu verstehen. Bin ich nicht berechenbar, habe ich mehr Möglichkeiten. Dann kommt auch mehr für mich raus und ich bin immer in einer besseren, weniger passiven Situation. Ich handle und werde nicht behandelt bzw. abgehandelt. Das ist sehr wichtig zu verstehen. Du würdest das aber auch automatisch ab einem gewissen Zeitpunkt verstehen, wenn du dir die Zeit nimmst und mal für dich reflektierst. Denk mal darüber nach, du hast bestimmt schon mal gedacht: *„Hätte ich mal bloß..."*

Einfach machen heißt die Devise. Versuche dich darin. Es ist vielleicht ungewohnt, aber erlernbar.

Der Mehrwertgewinn liegt auf der Hand. Dieser Gewinn macht natürlich auch gleich zufriedener, was sich wiederrum auf alles andere positiv auswirkt. Um gut querdenken zu können, solltest du unbedingt damit beginnen Fragen zu stellen. Fragen können unbequem sein und es macht nicht immer beliebt. Darum geht es aber auch nicht. Hinterfrage gewisse Mechanismen. Mache dir deutlich, was geschieht. Siehe die Chance.

Was denkt der Verkäufer? Meint er, er hat mich schon im Sack? Was führt er im Schilde? Anhand solcher Fragen, kann ich sondieren, wie ich mich selbst verhalte, um zu meinem Ziel zu kommen. Im Bereich Sport kann es der gezielte Blick auf den Gegenspieler sein und die Fragen *„Was hat er vor?"* und *„Wohin denkt er, werde ich gehen?"* Fragen über Fragen stellen, heißt die Devise. Du kannst das!

Bin ich nicht durchschaubar, gewinne ich immer wichtige Zeit. Der Gegenspieler oder auch mal zur Abwechslung der andere Part genannt, muss selbst überlegen. Dadurch verliert er Zeit zum Handeln, die wir wiederrum hinzubekommen. Wir haben dadurch genau die Zeit mehr, die ihm fehlt. Das ist wieder ein Trumpf, den wir in den verschiedensten Bereichen ausnutzen können. Es lohnt sich also immer querzudenken. Einfach auch mal etwas zu vergleichen. Sich selbst die Zeit zu nehmen, eine richtige wohlüberlegte Entscheidung zu treffen, statt etwas übers Knie zu brechen. Guck also auch andere Möglichkeiten direkt an und erlange hierdurch einen Mehrwert.

XIX Ich stelle Fragen.

Wer Fragen stellt, ist klar im Vorteil. Fragen erlauben es uns Erklärungen zu fordern. *Warum, weshalb, wieso ...?*
Naja, wir kennen es wohl schon aus der Schule. Es heißt ja auch, wer nicht fragt, bleibt dumm oder es gibt keine dummen Fragen, nur dumme Antworten. Es gibt eine Fülle an Sprichwörtern zum Thema "Fragen". Ob nun alles zutrifft, sei dahin gestellt. Für meinen Geschmack habe ich schon eine Menge dummer Fragen gehört, wo ich nur dachte: *„Lass es Hirn regnen."* Natürlich gibt es Menschen, die Fragen stellen und man zwangsläufig denkt: *„Oh man, was für ein Mist, intelligent, wie zwei Meter Feldweg, pardon, Korrektur, ein Meter Feldweg, wenn überhaupt!"*
Aber darum soll es nicht gehen. Wer Fragen stellt, gewinnt Zeit. Das ist definitiv so und hilft immer in Verhandlungen (siehe voriges Kapitel). Wer Fragen stellt, fordert etwas ein und das ist auch richtig so. Nur so kann ich auch sicher gehen, dass derjenige, der etwas von sich gibt, auch selbst überhaupt versteht, was er redet. Oftmals dienen Fragen dazu zu entlarven. Gut so! Warum nicht? Soll die Person mir gegenüber doch mal erzählen, warum sie das behauptet. Soll sie doch argumentieren. Warum eigentlich nicht?

Ein weiterer wichtiger Aspekt ist das Mehrerfahren. Wer fragt, erfährt mehr, lernt mehr, arbeitet an sich selbst und kommt damit weiter. Nur wer auch mal das eigene Ego überwindet und sich traut zu fragen, gewinnt. Jeder kennt die Situation, wenn nach einer Arbeitsanweisung gefragt wird, ob es noch irgendwelche Fragen gibt oder irgendetwas unklar ist. Keiner sagt etwas, sondern alle gehen an ihren Platz und nichts läuft. Das ist typisch und leider symptomatisch. Es verletzt ja das eigene aufgeblähte Ego, einfach mal zu fragen. Man möchte sich ja nicht outen und "der Dumme" sein. Das ist doch völliger Bullshit! Ganz im Gegenteil. Es erfordert Schneid, den Mund aufzumachen und nachzufragen. Es ist kein negatives Bekenntnis des Nichtverstehens, sondern einfach nur der richtige Weg. In der Ruhe liegt die Kraft. Es muss nicht schnell gehen, dafür aber richtig. Lieber im ersten Versuch langsam und erst dann schnell, statt gleich schnell und auf der Nase gelandet. Das Stichwort heißt hier "Kontrolle".

Mache ich etwas kontrolliert, ist es oft langsamer, dafür aber qualitativ hochwertiger. Die überstürzte Variante ist oftmals ungenau und nur schnell - ergo oft unkontrolliert. Dementsprechend ist es mehr Zufall, ob etwas klappt oder nicht, sofern es nicht vertieft erlernt ist. Nehmen wir uns ein kleines Beispiel zur Hand. Im Sport kann es die Ausführung einer Übung sein, im Alltag die Anwendung einer Fremdsprache. Plappere ich einfach los, ohne durch Übung einen gewissen Grad an Sicherheit erreicht zu haben, werde ich schnell stottern, unsicher und komme komplett raus. Dagegen schaffe ich es besser, wenn ich mir vorher überlege, was ich sagen möchte, es langsam angehe und so erst einmal Praxis erlange. Nur dann kann ich vernünftige Ergebnisse erzielen. Das erfordert aber Geduld. Geduld ist aber nicht jedermanns Sache. Ganz im Gegenteil. Die Menschen heutzutage werden immer ungeduldiger. Dauerte die Zustellung eines Paketes vor 20 Jahren noch teilweise 3-5 Tage, wird heute schon Stress gemacht, wenn das Paket nicht direkt am nächsten Tag da ist. Ein regelrechter Wahn ist heutzutage auszumachen. Immer schneller, Zeit ist Geld! Und natürlich nicht vergessen, sich immer schön selbst als oberwichtig zu nehmen. Das ist natürlich Sarkasmus pur. Es ist eine Schande in meinen Augen, dass wir in einer solch egoistischen Zeit leben. Der Mensch wird nun einmal leider zu einem Individualisten erzogen. Ihm ist es häufig schlichtweg scheißegal, was dafür verantwortlich ist, dass es mal länger dauert. Er ist nur auf die Befriedigung seiner eigenen Bedürfnisse gepolt. Stelle ich also nun Fragen, die richtigen Fragen wohlgemerkt, kann ich diese Mechanismen aufdecken. Sie fallen einem ja gar nicht auf, wenn man nichts hinterfragt. Man nimmt in solch einem Fall einfach alles als gegeben hin und das ist falsch. Auf unser Beispiel bezogen, will ich folgendes damit sagen. Rege ich mich heute auf, dass mein Paket ganze 48 Std zu mir braucht, kann ich auch mal fragen, wie lange hat es früher gedauert? Okay, da waren es noch 72-96 Std. Also bin ich doch gut bedient mit 48 Std. Oder etwa nicht? Es ist die Kunst, Dinge auch mal positiv zu betrachten. Ich kann dich an dieser Stelle nur einmal mehr daran erinnern, dir den alten Schuh, mit dem halbvollen Glas zu vergegenwärtigen. Ja, ich schreibe ganz bewusst halbvolles und nicht halbleeres Glas. Das ist eine Grundeinstellung, die man besser an den Tag legen sollte. Zumindest erlernen sollte.

An dieser Stelle kann ich auch wieder sagen, lerne zu hinterfragen. Fragen, Fragen, Fragen! Das muss die Grundvoraussetzung sein. Aber nicht nur bei anderen, sondern auch bei dir selbst. Das ist der beste Einstieg in die Selbstreflexion. *Warum habe ich das gemacht? Weshalb lese ich das hier überhaupt?* Ich erhalte antworten und weiß, was ich möglicherweise richtig und was falsch gemacht habe. *Warum habe ich gerade richtig zuerst genannt und dann erst falsch? Zufall oder nicht?* Wohl kaum! Ich will damit gezielt sagen, dass ich das Positive vorwegnehme und voranstelle. Das

Negative muss warten. Es darf aber nicht aus falschen Egogründen verschluckt werden. Es ist unheimlich wichtig, sich mit den eigenen Fehlern auseinanderzusetzen. Es geht gar nicht ohne. Man lernt eben aus Fehlern. Das ist vollkommen normal. Niemand ist fehlerfrei, auch wenn viele immer so tun. Natürlich gibt es Charaktere dort draußen, die regelrechte Meister des Selbstbeschisses sind. *„Fehler machen nur die anderen. Hätte ich das gemacht, wäre es richtig gemacht worden."* Das ist alles absoluter Schwachsinn! Aber es gibt viele Künstler der mentalen Gymnastik des Selbstbeschisses! Sie machen sich selbst etwas vor und konstruieren sich so ihre eigene Wahrheit. Ihr Ego lässt es einfach nicht zu. Das Problem dabei ist nur, dass die Wahrheit anders aussieht. Von außen betrachtet ist so etwas oftmals einfach nur armselig.

Fakt ist, wer Erfolg haben will, sollte regelmäßig Selbstreflexion betreiben. Das klappt natürlich nur mit den richtigen Fragen zur richtigen Zeit und vor allem, dem richtigen Inhalt. Schaffst du das zu beherzigen, bist du wieder ein ganzes Stück weiter.

XX Kommunikation ist schwierig.

Es wird ja immer viel davon gesprochen, dass man alles kommunizieren soll, was ja auch im Kern völlig richtig ist. Allerdings ist eine gelungene Kommunikation auch eine Herausforderung. Es ist immer von zwei Seiten bestimmt, ob sie gelingt oder nicht. Auf der einen Seite steht immer ein Sender und ihm gegenüber ist ein Empfänger. Das Wichtigste ist, dass das Gesagte auch ankommt. Man muss sich also darauf einstellen, wem man etwas sagen möchte. Es nützt also nichts, einem Kind in hochgestochener komplexer Sprache etwas mitzuteilen oder unpassende Beispiele zu wählen. Der Erfolg wird sich dann nicht einstellen. Es ist unabdingbar, sich seinem Gesprächspartner ein wenig anzupassen. Man bekommt sonst nicht das Ergebnis, das man sich wünscht. Das bedeutet natürlich nicht, dass man seinen Kommunikationsstil brechen muss und beispielsweise einen sehr primitiven Wortschatz nutzen sollte, nur weil der Gesprächspartner es macht. Das ist natürlich der falsche Weg. Ich denke, das ist einleuchtend und bedarf keiner größeren Erklärungen.

Generell gibt es große Unterschiede in der Kommunikation zwischen Mann und Frau. Oftmals redet man aneinander vorbei und das geschieht vollkommen unabsichtlich. Man versteht sich manchmal falsch, da Mann und Frau vom Verhalten einfach zu unterschiedlich sind. Das ist einfach so und ist so gegeben. Beispielsweise neigen Frauen eher dazu, Dinge bis ins kleinste Detail auszudiskutieren, während der Mann eher dazu geneigt ist, es präzise auf den Punkt zu bringen. Eine Frau interpretiert dagegen mehr. Das ist nicht von der Hand zu weisen, Genderwahn hin oder her. Natürlich gibt es da auch Unterschiede. Mann und Frau sollten sich in jedem Fall mehr Zeit nehmen, den anderen zu verstehen und vor allem lernen zu verstehen, wie es der jeweils andere wirklich meint. Dann kann man sich sparen, aneinander vorbeizureden. Also verinnerliche das Gesagte, dann ist auch eine gute Kommunikation zwischen den Geschlechtern kein Problem mehr.

Gehen wir aber nun weg von irgendwelchen Geschlechterstereotypen. Du wirst dich vielleicht bereits gefragt haben: *„Warum heißt dieser Abschnitt nun so, wie er heißt?"* Grundsätzlich ist Kommunikation alles! Ohne diese geht es nicht. Das Schwierige liegt dabei allerdings im Detail. Ich möchte an dieser Stelle nicht dem vorher Gesagten widersprechen. Es muss natürlich nichts kaputt geredet werden, denn eine Überkommunikation wäre letzten Endes auch als negativ anzusehen. Vielmehr muss das Richtige gesprochen werden. Man darf sich nicht beirren lassen und muss versuchen konstruktiv an einer Problemstellung zu arbeiten. Dafür ist es natürlich unabdingbar, einen guten Rahmen zu schaffen und sich auf den Partner einzustellen. Das gelingt selbstverständlich nur über eine deutliche und funktionale Sprache und vor allem über eine direkte Sprechweise.

Einige Beispiele möchte ich nennen, damit deutlich wird, was ich in diesem Fall meine.

Beispiel I: „Letztens habe ich von einem Bekannten von mir gehört, der ein Problem hat. Er ist der Meinung, dass es nicht richtig wäre, einen Zweisitzer zu kaufen, wenn man eventuell bald Kinder bekommen möchte."

Beispiel II: „Kauf keinen Zweisitzer, du willst doch Kinder!"

Der Unterschied zwischen den beiden genannten Beispielen wird meiner Meinung nach deutlich. Beides hat eigentlich denselben Inhalt, nur bringt es Beispiel II auf den Punkt und spielt nicht mit irgendwelchen Floskeln, wie im Beispiel I: *„Ein Bekannter hat, ist der Meinung, sagt,..."* Dass die Botschaft in Beispiel I deutlich herüberkommt, setzt voraus, dass der Gesprächspartner sich auf solche Spielchen einlässt und selbst umdenkt. Das muss aber natürlich gar nicht sein, wenn wir es einfach auf den Punkt bringen und deutlich wird, was man meint. Damit ist jedem geholfen. Sicherlich, die erste Variante ist angenehmer, denn man kritisiert ja nicht direkt, sondern gibt einen Tipp, den man angeblich irgendwo gehört hat. Aber warum drückt man sich in diesem Moment so schwafelig aus? Eigentlich möchte man seinem Gegenüber mit dem Geschwafel doch etwas Bestimmtes mitteilen: *„Kauf den Zweisitzer nicht!"* Direkte, kurze und knackige Aussagen sind oft verständlicher für die Person mir gegenüber. Also warum schwadroniert man drum herum? Wahrscheinlich liegt es eher daran, dass sich der Sprecher nicht zu sehr aufdrängen möchte und daher zurückhaltender wirken will. In diesem Fall wäre es besser einen weiteren direkten Satz hinzuzufügen.

Beispiel III: „Kauf keinen Zweisitzer, du willst doch Kinder! Zumindest würde ich es nicht machen."

In dieser Variante ist doch deutlich, was man denkt, aber gleichzeitig wirkt es nicht wie eine Bevormundung. Es ist also abhängig von der Form, wie wir etwas herüberbringen. Wir wollen doch schließlich etwas erreichen, wenn wir etwas sagen. Etwas durch die Blume zu sprechen, kommt halt nicht immer an. Genau darin liegen die Tücken in der alltäglichen Kommunikation. Du musst genau überlegen, an wen du etwas richten möchtest, in welchem Verhältnis du zu dieser Person stehst und was du mit dem Gesagten erreichen willst. Hast du das für dich entschieden, kannst du zu Werke schreiten und in den Dialog treten.

Selbstverständlich ist mir bewusst, dass man nicht ständig Lust hat über alles nachzudenken. Du wärst dann auch viel zu verunsichert. Das möchte ich hiermit natürlich nicht erreichen. Ich möchte dir vielmehr zeigen, dass es verschiedene Möglichkeiten gibt, ein und dieselbe Sache zu sagen. Das alles dasselbe meint, aber es unterschiedlich ankommen kann. Genau das ist der Punkt, an den ich anknöpfen möchte, um zu verdeutlichen, dass Kommunikation auch geübt sein muss. Natürlich ist das so, sonst würde man auch nicht von Menschen sprechen, denen man nachsagt, sie wären gute Redner, gute Gesprächspartner oder ähnliches. Wir reden zwar unser halbes Leben, aber es ist enorm wichtig, dass wir nicht nur reden, sondern auch etwas sagen. Wir müssen eine Aussage haben, die auch bei unserem Gegenüber ankommt. Damit geht man zum Beispiel gleich von Anfang an Missverständnissen aus dem Weg und minimiert damit unnötigen Stress.

Weniger reden, mehr sagen - wenn du das beherzigst, dann hast du in jedem Fall ein ruhigeres Leben und musst dich nicht häufig mit missverstandener Kommunikation aufhalten. Daher empfehle ich dir auch unbedingt das persönliche Gespräch. In Textnachrichten geht immer viel verloren, da die Betonung oder die Gestik und Mimik komplett fehlen. Auch Emojis etc. können das nicht weg machen. Ganz im Gegenteil, sie können sogar das Gegenteil erzeugen und fehlinterpretiert werden. Daher gebe ich dir den Tipp: *„Ziehe das persönliche Gespräch vor!"* Beherzigst du das hier Gesagte, wirst du definitiv entspannter Probleme angehen können und dich freier von Missverständnissen, also stressfreier kommunikativ ausdrücken können. Probiere es einfach, du wirst merken, dass es was bringt.

XXI Glaub nicht alles, was man dir sagt!

Manipulation gehört zum Alltag. Die kleine Notlüge zum Beispiel, die kurz erklärt, warum man zu spät ist. Der rhetorische Kniff in einem Verkaufsgespräch, der den schnellen Erfolg verspricht und so weiter. Es gibt unzählige Beispiele, die einem verdeutlichen, warum man nicht alles glauben sollte. So will der Verkäufer dem Interessenten weiß machen, dass es angeblich noch andere Interessenten gibt. Das ist alles nur Masche, die leicht durchschaubar, aber alltäglich ist. Man kann ein solches Verhalten natürlich auch leicht aushebeln, indem man einfach sagt: *„Okay! Dann verkauf doch du Arsch und texte mich damit nicht zu verdammt!"* Letzten Endes muss man sich vergegenwärtigen, dass eine Aussage in einer solchen Situation immer einem bestimmten Zweck dient. Es wird gelogen und kaschiert. Ein Makler spricht ganz salopp von einer Wohnung in einem aufstrebenden Viertel. *Was meint er damit wohl?* Es müsste wohl eher heißen, er versucht ein drecksversifftes Rattenloch zu verkaufen. Ein völlig kaputtes Haus wird schnell zur Chance für handwerklich begabte. Ja, so ist es und nicht anders. Der Zweck heiligt die Mittel. Oder der Beschiss heiligt sie. Fakt ist, es wird manipuliert! Es wird eine Geschichte erzählt, um so positive Gefühle zu wecken. Das hilft natürlich. So will ein Versicherungsvertreter auch nur helfen. Er macht das alles lediglich aus Nächstenliebe und nicht aus Interesse an der eigenen Provision. Wer es glaubt, wird selig!

Du sollst natürlich kein notorischer Nein-Schreier werden, aber ein gesundes Maß an Skepsis hat schon oft geholfen und niemandem geschadet. Skepsis bedeutet natürlich Fragen zu stellen. Das wurde aber schon im entsprechenden Kapitel behandelt und soll an dieser Stelle nicht weiter ausgeführt werden. Vielmehr ist es wichtig, sich zu verdeutlichen, dass man täglich Manipulationen ausgesetzt ist. Das kann an den verschiedensten Orten sein. Es kann ein Bericht in der Zeitung sein, der latente Werbung enthält, es kann das Verkaufsgespräch, die politische Rede oder einfach nur der falsche Partner sein.

Manipuliert wird fast immer und überall. Ich muss mich daher also selbst schützen und meinen eigenen Mittelweg finden, diesen Angriffen standzuhalten und sie abzuwehren. Das gelingt natürlich ohne Frage nur, wenn ich mir dessen auch bewusst bin. Daher ist denken oberste Priorität. Bediene ich mich meines Verstandes, kann ich sehr viel erreichen. In diesem Falle durchschaue ich, was man eigentlich von mir will, bzw. in welcher Richtung man mich gerne haben möchte. Ich selbst bin aber der Einzige, der diese Richtung bestimmen sollte. Nicht nur sollte, sondern muss! Der persönliche Einklang ist nur dann zu erzielen, wenn ich mir meines Selbst bewusst bin und ich Entscheidungen auf der Grundlage meiner Bedürfnisse, Wünsche und Sorgen treffe und nicht stets Auferlegtes nachplappere. Ich muss souverän sein, nur so klappt es! Man muss selbst entscheiden, ob man agiert oder nur reagiert. Ob man mitläuft oder nicht. Dieses lässt sich auf die verschiedensten Bereiche im Leben anwenden. Selbstverständlich muss auch hier und dort mal mitgelaufen werden. Ohne das geht es in der Praxis leider nicht. Ich betone, leider!

Natürlich möchte der Chef, dass ihm mal so ordentlich in den Arsch gekrochen wird. Trotzdem müssen wir uns nicht zu einer Marionette machen. Fremdbestimmung hat noch niemandem den Einklang nähergebracht. Freiheit ist ein Gut, das wir uns bewahren müssen, um glücklich zu sein. Nur jemand der frei entscheiden kann, kann überhaupt davon sprechen sich im Einklang zu befinden! Jemand der abhängig ist und auf die Gunst anderer angewiesen ist, wird sich stetig unter Druck fühlen und dadurch ständig abgelenkt sein. Dieser Mensch kann seine Kapazitäten nicht für sich in vollen Zügen nutzen. Es können natürlich viele Dinge sein, die einen fremdbestimmen. Ich möchte dir mal einige Beispiele geben, auf die sich das Gesagte bezieht. Fremdbestimmt sein kannst du durch Personen, wie beispielsweise deinem Chef, deinem Partner, einem Freund, einem Familienmitglied. Aber auch etwas Sächliches, wie eine Sucht, kann über dich bestimmt und dich manipulieren. Des Weiteren gehört auch der Geldmangel dazu. Es gibt viele Möglichkeiten. Was ich damit eigentlich versuche zu sagen, ist folgendes.

Bin ich in einem Abhängigkeitsverhältnis, bin ich nicht frei in meinen Entscheidungen. Bin ich nicht frei in meinen Entscheidungen, kann ich keinen selbstbestimmten Einklang finden. Dieses stört dann und sorgt für Stress und Unbehagen. Dabei ist es grundsätzlich egal, ob es eine oder mehrere Faktoren sind, denn oftmals treten solche Faktoren zusammen auf. Ein klassisches Beispiel wäre wohl jenes einer unterdrückten Frau in einer Beziehung. Sie wird unter Druck gesetzt, isoliert und oftmals auch finanziell abhängig gemacht. Daher verdichten sich die Mechanismen, die verhindern können, dass sie ihr Leben selbst in die Hand nimmt. Manipulation kann sich dabei äußerst verschieden äußern. Einschüchterung ist auch ein Mittel, um zu manipulieren.

An dieser Stelle möchte ich darauf hinweisen, dass in dieser Fülle an Einzelaspekten immer eine sehr differenzierte

Herangehensweise gegeben sein muss. Wer jetzt den Fehler macht und sich nach solch einem Extrembeispiel sagt: *„Halt, ich bin ja keine Frau, die verprügelt wird!"*, macht möglicherweise den Kardinalfehler der Verdrängung. Es muss nicht immer das Extreme sein, denn Manipulation kann schon im Kleinen, ganz unbewusst, beginnen. Daraus kann allerdings früher oder später eine Unzufriedenheit resultieren. Davor solltest du dich schützen. Es bringt dir in jedem Fall dem persönlichen Einklang ein ganzes Stück näher, wenn du in der Lage bist, dir selbständig über alles Mögliche eine Meinung zu bilden. Wenn du für dich klare Regeln aufgestellt hast und nach bestem Wissen und Gewissen auch mal sagen kannst: *„Leck mich am Arsch, ohne mich!"* Das ist sehr wichtig und sorgt dafür, dass du zufriedener sein wirst. Natürlich wollen andere sich ihre Welt so erstellen, wie es ihnen gefällt. Du musst dich aber zwangsläufig nicht auf deine Kosten zu ihrem Baustein machen lassen. Du kannst auch einfach selbst entscheiden und dich deines eigenen Verstandes bedienen.

Im Zusammenhang mit der Verblödungskultur durch einige unserer Medien fällt diese Tatsache uns immer schwerer. Bedienen wir uns aber unseres Verstandes, können wir auch die Früchte daraus ernten. Diese Früchte sind Erkenntnis und Wahrheit, die uns wiederrum dazu bewegen, unser Leben so zu gestalten, wie wir es wünschen und für uns wollen. Wir müssen uns nicht immer arrangieren. Wichtig ist ein fairer Zugang. Natürlich muss man auch mal sagen, Person XY ist ein Arschloch und ich möchte mich gar nicht arrangieren. Das ist ein Fakt und sollte beherzigt werden. Die Person gegenüber sollte es sich schon verdienen, dass man sich auf einen Kompromiss einlässt. Umsonst sollte hier nichts sein. Das ist aber natürlich auch abhängig von der jeweiligen Situation und ist jetzt schlecht zu pauschalisieren. Du wirst aber schon wissen, wann du kompromissbereit sein solltest und wann nicht. Denk nur immer daran, der persönliche Einklang ist nur möglich, wenn du frei bist. Frei ist nur, wer frei entscheidet.

Eine gesunde Beziehung funktioniert natürlich mit Kompromissen. Das ist klar, da jeder Mensch seine Bedürfnisse hat und man auf den anderen eingehen muss. Allerdings ist Person XY nicht mein Freund oder mein Partner, auch nicht mein Kollege oder Mannschaftskamerad. Hier wäre Egoismus natürlich völliger Scheiß! Person XY ist oftmals nur eine völlig unbedeutsame Person für das eigene Leben. Dementsprechend ist kein Vertrauen da und dann muss man auch keine Zeit und keinen Kompromiss darauf verschwenden. Ich muss es also nicht jedem recht machen und nicht immer diskutieren. Einen Kompromiss muss man sich erst verdienen.

Dafür braucht man Vertrauen, das verdient und erarbeitet werden muss. Dafür muss man ein Gefühl dafür entwickeln, wann man einen Vertrauensvorschuss gibt und wann nicht. Das bedeutet, man muss auch vertrauen können. Es sei aber gesagt, dass man im Regelfall Vertrauen erarbeiten muss. Somit schadet es nicht, zu Beginn Vorsicht walten zu lassen und zu reflektieren. Nur so kann man sicherstellen, dass alles in gesunden Bahnen verläuft. Fragen könnten also sein:

„Was will der andere damit bezwecken?"

„Dient es nur ihr oder ihm?"

„Habe ich auch etwas davon?"

Dafür muss man viel tun. Man muss auf den anderen eingehen und permanent respektvoll interagieren. Wichtig ist dabei nur, dass es auf Gegenseitigkeit beruht und kein Ungleichgewicht entsteht. Beruht alles auf Gegenseitigkeit, ist alles in Butter.
An dieser Stelle sollte dir deutlich geworden sein, dass es große Unterschiede gibt. Wichtig ist, dass du Manipulationen erkennst. Du solltest sie aber nicht krampfhaft suchen. Das Bauchgefühl verrät dir schon sehr viel. Bist du in dieser Hinsicht vielleicht nicht so zielsicher, gilt für dich natürlich das

Hinterfragen. Du solltest jetzt aber nicht alles permanent hinterfragen. Fühlst du dich nicht im Einklang, hinterfrage einfach einmal. Suche aber nichts, was nicht da ist. Ist alles okay, dann ist auch alles okay!

XXII Hobbies müssen sein, Zeitmanagement aber auch.

Ein wichtiger, oftmals völlig unterschätzter Faktor für das persönliche Wohlbefinden, sind Hobbies. Eine Ablenkung zum Alltag, Raum um sich nach seinen eigenen Bedürfnissen auf völlig freiwilliger Basis zu verwirklichen.

Ich denke, der einleitende Satz sagt schon genug aus. Man braucht etwas, um sich persönlich zu fordern, denn Spaß sollte hierbei im Vordergrund stehen. Natürlich schafft ein Hobby auch Zeit, die man sich vollkommen für sich nehmen kann. Daher ist es wichtig, sich das richtige Hobby zu suchen. Man sollte ruhig viel probieren, damit man das Richtige für sich findet. Ein Zwang sollte hierbei nicht entstehen. Mache ich das eine nicht gerne, mache ich halt etwas anderes! Das sollte das Grundprinzip sein. Am schönsten ist es natürlich, wenn man ein Hobby in einer Partnerschaft teilen kann. Das gibt einen unheimlichen Mehrwert und schafft gemeinsame Auszeiten. So etwas kann zum Beispiel das gemeinsame Interesse an Sport sein. Es kann aber auch Kunst oder was auch immer sein. In meinem Fall ist es die Liebe zum Eishockeysport. Jeder muss sich darüber selbst Gedanken machen und probieren. Man kann schlecht sagen, das ist es und fertig. Das wird die Zeit zeigen.

Wer suchet, der findet!

Stellen wir uns einmal vor, wir nutzen unsere wertvolle Freizeit vollkommen für etwas, dass uns Spaß macht. Das Ergebnis muss zwangsläufig positiv sein. Es muss einen Mehrwert geben, der uns wiederrum Kraft und Ausgeglichenheit für den Alltag beschert. Eine Befriedigung des persönlichen Bedürfnisses gibt es gratis dazu. Man sagt halt einfach mal: *„Leck mich am Arsch Alltag, ich gehe jetzt ..."* Das ist natürlich etwas Wunderbares, das uns persönlich voranbringt.

Ein Hobby kann aber auch eine ganz andere Sache sein, wie beispielsweise das Erlernen einer neuen Sprache. Solch ein Hobby schafft nicht nur einen intellektuellen Mehrwert und bereichert die persönlichen Kompetenzen. Nein, es sorgt auch dafür, dass eigene Hirn auf Trab zu halten und nicht abzustumpfen, denn auch geistige Fitness ist sehr wichtig. Das Gehirn ist ebenfalls wie ein Muskel, den wir trainieren müssen, damit er in Form bleibt. Ausreden alla: *„Ich bin zu alt, ... bla, bla, bla",* zählen dabei nicht! Das ein junger Mensch möglicherweise schneller lernt, ist eben so, aber wer sagt denn, dass ein älterer Mensch es nicht schaffen kann? Da siegt wohl die Ausrede im Vorfeld, die der faule Mensch als permanente Selbstentschuldigung verwendet. So ist die eigene Welt ja wieder in Ordnung. Man findet selbstverständlich immer eine

Ausrede. Mal ist man zu alt, mal ist das Wetter nicht gut genug, mal ist es zu früh, dann wiederrum zu spät. Vielleicht doch lieber morgen? Die Fülle an Ausreden ist immer groß, es sei denn, es ist wieder Silvester! Dann wird natürlich überschwänglich lamentiert, natürlich mit ordentlich viel Alkohol auf dem Kessel, dass man ja dieses und jenes machen möchte. Dann sieht man, sofern man solch ein TV-Programm guckt, wieder lauter selbsternannte Fitnessexperten, die ihre Wohnzimmerprogramme verschachern wollen. Naja, ich frage mich in solchen Momenten immer, warum es gerade Neujahr sein muss. *Kann ich einen Vorsatz nicht einfach umsetzen? Nur für mich, einfach umsetzen?*

Selbstverständlich geht das, dafür muss man halt aus seinen bisherigen Mustern ausbrechen. Ich brauche auch keinen Valentinstag, den sich die Blumenindustrie ausgedacht hat, um meiner Frau eine Blume zu schenken. Das mache ich einfach so. Ich brauche dafür keinen besonderen Tag, zumal es nur wirklich besonders ist, wenn man eben nicht gerade, wie ein "*Lemming*" loszieht und allen hinterherläuft! Genauso verhält es sich auch mit der Freizeitgestaltung. Man kann ja immer eine Ausrede parat haben. Der Klassiker ist wohl die Fitnessclubmitgliedskarte im Portmonee. Das ist vielleicht ein gutes Gefühl. Ja, das stimmt, man müsste nur noch hingehen!

Diese Geschäfte kalkulieren schon mit den "*Lemmingen*". Sie melden sich an und kommen dann nicht. Warum melden sie sich an? Ist halt so, machen ja auch die Kollegen. Der eigene Antrieb? Fehlanzeige! Der ist natürlich nicht da, ansonsten wären sie ja dort. Das findet man aber auch in anderen Bereichen. In Sportvereinen, in denen es Menschen gibt, die nicht kommen. Oder die vielen tollen Hobbygeräte, die bestellt wurden, aber noch verschweißt in der Ecke auf eine Sinngebung warten. Oder das Musikinstrument, das teuer gekauft wurde, aber nun als Deko oder Wandschmuck endet. Mensch, ich möchte hiermit nur sagen. Nicht labern, machen! Kein Held der guten Vorsätze sein. Man benötigt keine Vorsätze, diese sind überflüssig, wenn man einfach handelt. Dann betreibt man es ja schon und muss sich gar nichts mehr vornehmen.

Das Beschriebene ist ein grundsätzliches Problem. Würde man die ganze Energie einfach in die Umsetzung stecken, statt in die Planung, wäre man schon ein ganzes Stück weiter. "*Einfach machen*" heißt die Devise ganz nach einem großen Sportartikelhersteller, der einen passenden Werbespruch parat hat. Es geht halt darum, es einfach mal zu machen. Du musst zu dir selbst sagen: „*Klappe halten!*", und die eigene Faulheit überwinden, bevor sie überhaupt aufkommt.

Das Gleiche ist es, wenn man zum Beispiel eine Sprache erlernen möchte und sich permanent sagt: *„Ach morgen, heute ist es nicht so gut, heute bin ich ja so gestresst!"* Auch hier haben wir den völlig falschen Ansatz! Denn ich will ja gerade mit einem Hobby Alltagsstress bekämpfen und einen Ausgleich schaffen. Ist es da nicht idiotisch, wenn man sich dieses selbst nimmt, indem man aus angeblichem Alltagsstress darauf verzichtet? Hört sich paradox und bescheuert an oder? Ja, ich finde schon, von Kontraproduktivität gar nicht erst zu sprechen. Man kann so natürlich leicht dafür sorgen, dass man in einen Teufelskreis aus Entschuldigungen gerät, die man gegen sich selbst benutzt. Es ist ja nicht der Sprachkurs der leidet, weil man ihn nicht benutzt. Das neue Rennrad leidet in der Garage garantiert auch nicht. Nein! Man selbst leidet, wenn man verzichtet.

Das sollte man sich vielleicht einmal richtig deutlich machen. Dafür muss man auch etwas selbstkritisch sein und nicht immer gleich alles glauben, was man denkt! Da sind wir wieder bei der Sache mit dem Fragenstellen. Ja, das sollte man natürlich auch mal bei sich selbst, wenn man merkt, dass es nicht läuft. Nicht immer sind alle anderen daran schuld. Es liegt oftmals einfach plump gesagt an der eigenen Person. Aber dafür kann man ja reflektieren und einfach etwas ändern.

150

Schon läuft es auch mit der Freizeit.

Viele Menschen, sagen auch so schöne Sachen wie: *„Ein Hobby, dafür habe ich keine Zeit. Ich arbeite 50 Stunden die Woche, Haushalt, Kinder usw."* Sicherlich ist so etwas hart, ist es aber wirklich eine Ausrede? Nein, völliger Quatsch! Man findet ja auch genug Zeit vor dem TV zu sitzen und sich völlig zuzumüllen. Klar, das muss auch mal sein, aber mir kann einfach keiner erzählen, dass dort kein kurzes Sportprogramm eingebaut werden kann. Das nicht am Wochenende mal die Angel in einen See geworfen werden kann oder, oder, oder. Es geht ja nicht darum, ein riesen Hobby haben zu müssen. Sicherlich, ich bestreite auch nicht, dass es klar ist, dass nicht jeder drei Pferde haben und diesen gerecht werden kann. Wir leben unterschiedliche Leben und haben unterschiedliche Kapazitäten. Trotzdem liegt es wohl an einem selbst, etwas aus seiner Zeit zu machen. Es muss sogar sein, um dauerhaft einen Ausgleich schaffen zu können. Nur durch eine gesunde Ablenkung kann ich einen Mehrwert leben und erzielen. Das ist es doch, was sein sollte. Oder etwa nicht?

Wie gesagt, verhindere einen Teufelskreis aus Ausreden. Lasse so etwas gar nicht erst zu! Nimm dir die Zeit und beleuchte die ganze Sache einmal aus verschiedenen Perspektiven, wenn du Probleme mit einigen Sachen haben solltest! Es lohnt sich,

151

einfach mal über die eigene Freizeitgestaltung nachzudenken. Viele Menschen von heute neigen leider dazu, ein völlig falsches Selbstverständnis an den Tag zu legen. Denk mal zurück an deine Kindheit. *Warum war diese Zeit so unbeschwert?* Wahrscheinlich, weil man kein Geld brauchte. Man musste also in der Folge auch nicht arbeiten. Man konnte sich einfach darauf konzentrieren, was einem Spaß machte. War es das Treffen mit Freunden, der Gang zum Spielplatz, die Mitgliedschaft in einem Sportverein - vieles hat man einfach gemacht. Natürlich ist die Kinderwelt anders als die eines Erwachsenen. Verantwortungen und Verpflichtungen nehmen uns in Beschlag. Eines ist aber wichtig: *„Wir selbst bestimmen wie groß und schnell sich unser Hamsterrad dreht!"*

Nehmen wir hierfür einmal ein kleines Beispiel oder nennen wir es ganz einfach einmal ein Gedankenspiel. Stellen wir uns einmal vor, wir hätten die Zeit aus Kindertagen wieder. *Würden wir die Zeit genauso nutzen?* Sicherlich, würden jetzt die meisten Menschen antworten: *„Natürlich, aber sicher!"* *Würden sie es aber wirklich machen?*

Ich denke wohl kaum. Die meisten Menschen schaffen einfach kein vernünftiges Zeitmanagement. Natürlich ist hierfür etwas Struktur nötig. Diese Struktur hatten wir in der Kindheit sehr stark vorgegeben. Das wird oft vergessen. Wir gingen zur

Schule, hatten ebenfalls Pflichten. Wir mussten ebenfalls Dinge erledigen oder Termine wahrnehmen - der Besuch beim Arzt, eine Veranstaltung hier, ein vielleicht unbequemer Besuch bei unseren Großeltern und vieles mehr. Wir haben aber noch nicht so negativ über all dieses gedacht. Weiterhin wurde unsere Zeit durch unsere Eltern gemanagt. Wir konnten also in der Folge auch nicht immer das machen, was wir wollten. Wir mussten vielleicht auch Termine einbauen, wie das Mittagessen nicht zu verpassen oder pünktlich zuhause zu erscheinen. Aber das vergessen wir oft.

Wir reduzieren fast alles auf die Arbeit und damit schlussendlich auf das Geld. Das ist der Knackpunkt, der mit der Zeit für fast alles verantwortlich ist. Wir verlernen in diesem Zusammenhang ein gesundes Zeitmanagement und drehen uns im Kreis. Ein weiterer Grund, der oftmals zu negativen Erlebnissen führt, ist die Tatsache, dass sich entweder zu viel vorgenommen wird oder sich Dinge ausgesucht werden, die überhaupt gar nicht mit der Lebenssituation kompatibel sind. Das kann zum Beispiel jemand sein, der in einem örtlichen Verein aktiv sein möchte, aber im Vorfeld wissen sollte, das dieses aufgrund der Arbeitszeiten nicht mit dem Job kompatibel sein kann. Die Folge hieraus ist Stress. Stress, den sich der Betroffene selbst macht, da er dem Vorgenommenen nicht gerecht werden kann. Manchmal überträgt sich dieses sogar und schadet sogar mehr, als das es nützt. Der springende Punkt ist der, dass es nicht kompatibel ist. Man bescheißt sich selbst!

Wie könnte hier eine Lösung aussehen? Die einfachste wäre wohl, sich etwas zu suchen, was auch umsetzbar ist. Es gibt viel, man muss nur gucken. Eine andere Möglichkeit wäre es, sich arbeitstechnisch neu zu formieren, um dem Hobby gerecht werden zu können. Bedenke immer, auch ein Job ist nicht zwangsläufig in Stein gemeißelt! Man muss selbst wissen, wo man wie seine Prioritäten setzt. Das hat man im Gegensatz zum Wetter in der eigenen Hand. Viele würden jetzt vielleicht meinen, dass das abgehoben, unrealistisch und realitätsfern ist. Da kann ich nur entgegnen: *„Wenn ihr meint!"*

Fakt ist, dass man sich folgendes vor Auge führen muss. Es ist eine Sache der Perspektive. Man muss halt selbst wissen, was einem wichtiger ist. Möglichkeiten gibt es eigentlich immer, auch wenn es oftmals auf den ersten Blick nicht so scheint. Ein Ziel zu haben, ist aber der Anfang. Ob man es wahr werden lässt, liegt an einem selbst. Schließlich hat man sich möglicherweise selbst in eine Situation manövriert, die einem nicht passt. Aber denken wir darauf noch ein wenig weiter herum und kehren wir zurück zum Hamsterrad. Wie bereits schon einmal in einem vorigen Abschnitt beschrieben, bestimmt man die Größe und Geschwindigkeit selbst. Man muss daran arbeiten, das Hamsterrad soweit zu reduzieren, dass man gut leben kann und Freiräume erhält. Oftmals sind diese Freiräume bereits da. Sie werden nur nicht gesehen. Es wird leider viel zu oft nach links und rechts geschaut und sich dann bedauert, warum es bei dem einen so läuft und bei einem selbst ganz anders. Das ist aber grundsätzlich egal und bringt niemanden weiter. Man muss sich vielmehr auf sich selbst konzentrieren und die anderen Menschen, die anderen sein lassen. Es ist einfach scheißegal! Man sollte sich lieber sagen: *„Wenn der andere vom Hochhaus springt, muss ich das ja auch nicht!"* In dieser alten Phrase steckt ziemlich viel Weisheit. Man ist halt für sich selbst verantwortlich.

Der erste, richtige Schritt ist es, sich selbst nüchtern zu betrachten und festzustellen, wann man Zeit für etwas hat. Dabei ist es wichtig, sich ehrlich damit auseinanderzusetzen. Wer gleich wieder den Fehler begeht und lamentiert: *„Arbeit, Arbeit, Arbeit"*, dem ist auch nicht mehr zu helfen! Man muss schon selbst ran und etwas erkennen. Um solche eine Erkenntnis zu erlangen, muss man natürlich reflektieren und sich selbst auch nicht mit Samthandschuhen anpacken. Ruhig mal zu sich selbst Arschloch sagen! Das kann helfen. Denn schließlich versaut man es sich ja teilweise selbst. Eigenlob und Entschuldigungskultur stinkt in diesem Fall.

Zeitmanagement ist hierfür das Zauberwort. Man muss lernen, sich seine Zeit einmal zu vergegenwärtigen. Nimm dir mal einen Zettel und einen Stift. Setz dich auf deinen Arsch und schreib auf: *Arbeitszeit, von wann bis wann, an welchen Tagen?* Das Selbe machst du mit Uhrzeiten: *Wann stehst du auf und wann gehst du ins Bett? Wann putzt du deine vier Wände und wann gehst du Einkaufen und erledigst Dinge, wie Rechnungen und so weiter?*

Wenn du jetzt antwortest: „Zwischendurch", dann findest du gerade schon den ersten Fehler! Nimm dir feste Zeiten, plane deine Woche. Struktur schafft Ordnung, Ordnung schafft Freiräume! Das sind gerade die Freiräume, die du brauchst. Es ist nämlich viel Zeit vorhanden, wenn du diese Pflichten mal auf ein weißes Blatt einträgst. Nun hast du einen Ansatz, wann du was machen kannst. Jetzt brauchst du nur noch Ideen, wie du die Freiräume füllen kannst. Der große Kardinalfehler ist immer das ständige „Zwischendurch". Das ist das Unproduktivste, das man machen kann. Man erledigt die Dinge zwar irgendwie, hat aber ständig etwas im Hinterkopf, fühlt sich dadurch belästigt und ist in der Folge nicht frei. Wer nicht frei ist, ist gestresst und nicht entspannt. Von einem persönlichen Einklang kann keine Rede mehr sein. Man ist nur wieder ein Sklave seiner eigenen Verpeiltheit. Ich sage es so direkt, weil es so ist. Eine Entschuldigung gibt es hierfür nicht. Hier kann man sich selbst mal etwas ankreiden und sollte schleunigst dafür sorgen, dass man sich strukturiert. Das heißt ja nicht, das man einen Rahmendienstplan für sein Leben braucht, der einem vorschreibt, wann man mit wieviel Blatt Klopapier scheißen geht. Aber es hilft einem zu verdeutlichen, was man eigentlich an Kapazitäten hat und wie man diese durch simple Strukturen gewinnbringend für sich nutzen kann.

Wer das dann hinbekommt, ist seinem Einklang schon wieder ein ganzes Stück näher, da es schon wirklich befreiend wirkt, wenn man weiß, was zeitlich geht und was nicht. Wichtig ist dabei, dass man sich nicht selbst bescheißt. Ich meine damit die Tatsache, dass man sich genau überlegen muss, was für einen denn als Hobby zum Beispiel überhaupt in Frage kommen könnte. Wer ehrlich mit sich ins Gericht geht und nicht anfängt sich selbst zu belügen, sollte schnell feststellen, was geht und was eben nicht geht. Denn einfach nur zu sagen, weil man in Vollzeit arbeitet und einen Haushalt schmeißt, kann man nicht etwas Sport machen oder einem Hobby nachgehen, das ist eine billige Ausrede. Das lasse ich nicht gelten, denn das ist Selbstbeschiss und nichts weiter als mentale Gymnastik! Dann

157

muss man eben etwas Passendes finden oder vielleicht seinen Gelderwerb überdenken, um die passenden Räume dafür zu schaffen. Das muss jeder für sich selbst entscheiden. Hier wird jeder selbst wissen, was für sie oder ihn das Beste ist.

Mach es dir in jedem Fall nicht selbst künstlich schwer. Es ist im Prinzip ja keine komplizierte Angelegenheit, sondern nur eine einfache Zeiteinteilung. Wir können aber eben viel daraus deuten und erfahren. Daher empfehle ich, in jedem Fall den Selbsttest zu machen und einfach einen Zettel und Stift zu nehmen und ab dafür!

XXIII Nachwort

Alles hat irgendwann mal ein Ende. Ich möchte hier an dieser Stelle einen Schnitt machen und lediglich noch ein, zwei kleine Dinge sagen.

Rückblickend muss erwähnt werden, dass die vielen genannten Teilaspekte in diesem Buch teils miteinander sehr eng verbunden sind. Viele haben aber auch auf den ersten Blick gar nichts miteinander zu schaffen.

Der persönliche Einklang ist ein Zustand, der für jeden anders ist. Generell kann wohl gesagt werden, dass man zufrieden ist und dass man es schafft, sich selbst in einem Gleichgewicht zu befinden und sich in seiner Haut wohlfühlt. Man muss sich schließlich in erster Linie selbst gefallen! Fühle ich mich wohl in meiner Haut, gelingt mir auch gleich mehr. Das Selbstvertrauen ist viel stärker ausgeprägt und es macht einfach Spaß Dinge anzupacken.

Ein Patentrezept gibt es natürlich nicht, da Menschen nun einmal unterschiedlich sind und das ist auch gut so! Wir müssen allerdings aufeinander eingehen können und lernen, durch bestimmte Verhaltensmuster, Selbstschutz zu betreiben, damit wir uns nicht verrennen und vor allen Dingen, dass wir uns nicht von außen nerven lassen. Das lenkt natürlich ab und stört den persönlichen Fluss des Lebens. Der Einklang ist also etwas, dass wir alle erreichen können. Wir müssen dafür selbstverständlich etwas tun. Das gelingt aber in der Regel sehr gut, wenn wir uns gegenwärtigen, dass wir es selbst in der Hand haben und nicht alles blind als gegeben akzeptieren müssen.

Einige Wege habe ich ausgeführt, wie du daran arbeiten kannst. Es passiert nichts von heute auf morgen, aber es ist alles optimierbar! Nimm es einfach selbst in die Hand und lasse dich vom Gesagten inspirieren und leiten.

Vergiss niemals Fragen zu stellen! Auf die Wichtigkeit von Fragen bin ich ja nun schon genug eingegangen. Du wirst merken, dass es viel leichter ist, sobald man sich Fragen stellt. Es werden nicht alles immer die richtigen Fragen sein, aber du wirst mit der Zeit immer sicherer werden. Das entwickelt sich ganz von alleine. Das Stichwort heißt Erfahrungen. Fehler gehören immer dazu, man interpretiert immer mal etwas falsch. Das ist ganz natürlich.

Folgenden universal einsetzbaren Leitspruch möchte ich dir noch mitgeben. Du kannst ihn sicherlich verwenden. Glaub mir, du wirst schon sehen und verstehen.

„Und wenn schon Scheiße, dann schon Scheiße mit Schwung!"

Es muss nicht immer alles perfekt sein. Stehe aber zu dem, was du machst und denke: *„Nur wer frei ist, kann seinen Einklang finden!"* Entscheide frei und du kannst dein Leben nach deinen Bedürfnissen gestalten!

Denk daran, was für dich wichtig ist. Erzeuge eine eigene
Meinung und handle nach dieser. Wenn du diese Prinzipien
verfolgst, ist definitiv ein positiver Mehrwert für dich drin und
du machst dich nicht zum Lemming, der auf die Klippen der
schlechten Laune zu marschiert, um sich in der blinden Folge
des Vordermannes in den Tod zu stürzen.
Sei kein Lemming! Laufe deinen Weg!

(Fahlbusch irgendwann)

Kleine Auswahl an hilfreichen Standpunkten

Andere können dir helfen, du bist aber der Schlüssel zu deiner persönlichen Erfolgsgeschichte.

Qualität vor Quantität

Wer weiß, was er will, ist wer er will.

Mit Spaß bist du frei.

Die goldene Regel ist, erst zu denken und dann den Mund aufzumachen.

Nur freie Geister können frei agieren und einen Mehrwert erreichen.

Du bist dein eigener Herr.

Eine gesunde Skepsis ist sehr wichtig.

Man sollte nicht immer aus einer Mücke einen Elefanten machen.

Lassen wir ein Arschloch ein Arschloch sein.

Selbstreflexion ist das A und O, um überhaupt erfolgreich sein zu können.

In der Ruhe liegt die Kraft.

Man sollte stets sich selbst treu sein.

Wer fragt, erfährt mehr, lernt mehr, arbeitet an sich selbst und kommt damit weiter.

Struktur schafft Ordnung, Ordnung schafft Freiräume.

Der persönliche Einklang ist nur möglich, wenn du frei bist. Frei ist nur, wer frei entscheidet.

Raum für persönliche Notizen